2024 TBC 中小企業診断士試験シリーズ

特訓 問題集

2

中小企業経営・政策

中小企業施策

TBC受験研究会

山口 正浩［監修］

加藤 匠　渡邉 義一［編著］

早稲田出版
WASEDA PUBLISHING

はじめに

　近年の中小企業診断士試験は、試験傾向の難易度から見て、狭き門となっています。合格に向かって学習を進める中で、受験生の頭を悩ますのが「中小企業施策」の学習です。
　第１次試験の中小企業経営・中小企業政策のうち、中小企業政策では、「中小企業施策」からの出題が多くを占めています。
　第２次試験でも中小企業庁が公表している新しい支援策や既存の支援策の予算の動向などは、政府の中小企業支援に対する方向性を示しているため、出題された事例企業の戦略の方向性の決定に関する問題を解答する際のヒントとなっています。
「中小企業施策」の重要性は、受験生ならば誰でも認めるところでありながら、その学習に積極的になれないのも事実です。多くの受験生が「中小企業施策」のボリュームの多さ、なじみのない用語などが要因となり「効果的な学習法がわからない」「内容はわかるけれど得点に結びつかない」といった印象を持っているからです。
　本書は中小企業診断士を目指す受験生の「中小企業施策」学習の悩みを解決するために、業界唯一の「中小企業施策」の効果的な学習ツールとして、ＴＢＣ受験研究会の「中小企業政策攻略ノウハウ」を集結して問題集にしました。

●本書の使い方

「１．重要法令編」で、中小企業政策に関連する法律を把握したら、「２．頻出基本編」「３．重要図表編」と学習を進めましょう。「４．応用編」は、過去の出題において、合格者からも難しいとの意見が多い「対話形式の問題」です。進めてきた学習の総まとめとして取り組みましょう。

　本書を発行するにあたり、ＴＢＣ受験研究会の講師の方々には出版までの時間的余裕がない中、終始ご協力をいただき心からお礼申し上げます。

　2023年10月吉日

編著者代表
㈱経営教育総合研究所代表取締役社長
TBC受験研究会統括講師　山口　正浩

◆もくじ◆

2 頻出基本編

3 重要図表編

4 応用編

中小企業政策の攻略法

●中小企業政策の概要

◆科目の出題傾向

中小企業経営・中小企業政策は、２日目の午後に行われる試験で、中核科目といわれる。前半の中小企業経営は、大半が「中小企業白書」から出題され、後半の中小企業政策は、中小企業基本法や中小企業支援法などの法律と、「中小企業施策利用ガイドブック」から出題される。

◆中核科目の中小企業経営・中小企業政策

第１次試験における中核科目は、中小企業経営・中小企業政策、企業経営理論、運営管理（オペレーション・マネジメント）で試験時間は90分と、中核科目以外の科目の試験時間の60分と比較して長く、その分出題数が多くなっている。

中小企業政策で合格点を獲得するためには、各種法律の体系を理解するとともに、中小企業施策の内容についての理解が必須である。

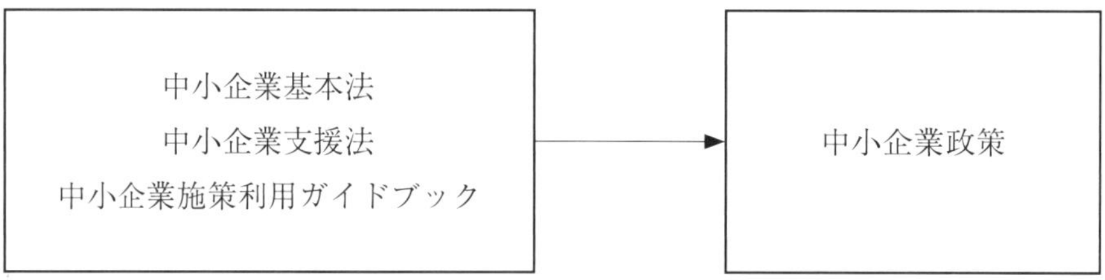

◆中小企業施策利用ガイドブック

中小企業施策利用ガイドブックは、中小企業の方が中小企業施策を利用する際の手引書となるよう、施策の概要を簡単に紹介している。各種の支援策のうち、自社で活用したい施策を簡単に探すことができるよう、施策利用者の目的に合わせたインデックスが設けられている。中小企業施策のポイントを理解する際に活用してほしい。

◆中小企業施策総覧（参考）

中小企業施策総覧は、具体的施策の位置づけが一目でわかるような体系図や、図表が多く掲載されていたが、平成28年度以降は発行されないこととなった。

●中小企業政策の効率的な学習法

中小企業施策利用ガイドブックは、中小企業庁のホームページからのダウンロードで入手することができる。政策の転換や予算の配分の変化などにより、内容が変化している場合もある。試験に向けた最新の情報を入手するため、中小企業庁のホームページを活用してほしい。

◆学習時期と対応する刊行物

令和6年度の第1次試験を受験する場合、中小企業政策は、令和6年度中小企業施策利用ガイドブックから出題される。しかし、中小企業施策利用ガイドブックは、例年5月頃に発表されるため、仮に中小企業診断士の学習を令和5年8月から開始したならば、2カ年分の「中小企業施策利用ガイドブック」を学習することになる。

まず、令和5年度中小企業施策利用ガイドブックを用いて全体の体系を理解し、令和6年度中小企業施策利用ガイドブックが発表されたら、予算などの数値が変更されている箇所を、各自で確認して試験に臨んでほしい。

◆過去問研究で学習範囲を確認する

中小企業政策では、過去問を解答することで学習すべき範囲を把握することができる。過去問で出題された数字や用語は、最新の情報と見比べたうえで必ず覚えるようにしてほしい。

1

重要法令編

第1問　中小企業基本法①

● 目的（第一条）

この法律は、中小企業に関する施策について、その［①］、［②］その他の基本となる事項を定めるとともに、国及び地方公共団体の［③］等を明らかにすることにより、中小企業に関する施策を総合的に推進し、もつて国民経済の健全な発展及び国民生活の向上を図ることを目的とする。

● 基本理念（第三条第一項）

中小企業については、多様な事業の分野において特色ある事業活動を行い、多様な就業の機会を提供し、個人がその能力を発揮しつつ事業を行う機会を提供することにより我が国の経済の基盤を形成しているものであり、特に、多数の中小企業者が［④］を生かして経営の向上を図るための事業活動を行うことを通じて、新たな産業を創出し、［⑤］を増大させ、市場における競争を促進し、地域における経済の活性化を促進する等我が国経済の活力の維持及び強化に果たすべき重要な使命を有するものであることにかんがみ、独立した中小企業者の自主的な努力が助長されることを旨とし、その［⑥］及び創業が促進され、その［⑦］が強化され、並びに経済的社会的環境の変化への適応が円滑化されることにより、その多様で活力ある成長発展が図られなければならない。

（設問）

文中の空欄①～⑦に適切な語句を記入せよ。

解説

中小企業基本法は、中小企業政策について、基本理念・基本方針等を定めるとともに国及び地方公共団体の責務等を規定することにより中小企業に関する施策を総合的に推進し、国民経済の健全な発展及び国民生活の向上を図ることを目的としている。同法では、多数の中小企業者が創意工夫を生かして経営の向上を図るための事業活動を行うことを通じて、我が国経済の活力の維持と強化に果たすべき重要な役割を担うことを期待している。

解答　①基本理念　②基本方針　③責務　④創意工夫
⑤就業の機会　⑥経営の革新　⑦経営基盤

第2問　中小企業基本法②

● 基本理念（第三条第二項）

中小企業の多様で活力ある成長発展に当たつては、小規模企業が、［①］を生かした事業活動を行い、［②］を提供するなどして地域における経済の安定並びに地域住民の生活の向上及び交流の促進に寄与するとともに、［③］な事業活動を行い、新たな産業を創出するなどして将来における我が国の経済及び社会の発展に寄与するという重要な意義を有するものであることに鑑み、独立した小規模企業者の自主的な努力が助長されることを旨としてこれらの事業活動に資する［④］が整備されることにより、小規模企業の活力が最大限に発揮されなければならない。

● 小規模企業に対する中小企業施策の方針（第八条）

国は、次に掲げる方針に従い、小規模企業者に対して中小企業に関する施策を講ずるものとする。

一　小規模企業が地域における経済の安定並びに地域住民の生活の向上及び交流の促進に寄与するという重要な意義を有することを踏まえ、適切かつ十分な［⑤］の確保を通じて地域における小規模企業の［⑥］な事業活動を可能とするとともに、地域の多様な主体との連携の推進によつて地域における多様な需要に応じた事業活動の活性化を図ること。

二　小規模企業が将来における我が国の経済及び社会の発展に寄与するという重要な意義を有することを踏まえ、小規模企業がその成長発展を図るに当たり、その状況に応じ、着実な成長発展を実現するための適切な支援を受けられるよう必要な環境の整備を図ること。

三　［⑤］の確保が特に困難であることが多い小規模企業者の事情を踏まえ、小規模企業の［⑦］及び改善に努めるとともに、金融、税制、情報の提供その他の事項について、小規模企業の経営の状況に応じ、必要な考慮を払うこと。

（設問）

文中の空欄①～⑦に適切な語句を記入せよ。

解説

平成25年９月に、小規模企業の事業活動の活性化のための中小企業基本法等の一部を改正する等の法律（小規模企業活性化法）が施行された。中小企業基本法においては、小規模企業の事業活動の活性化を図る観点から、「基本理念」と「施策の方針」を明確化するとともに、海外展開の推進等、中小企業施策として今日的に重要な事項を新たに規定した。

解答　①地域の特色　②就業の機会　③創造的　④事業環境　⑤経営資源　⑥持続的　⑦経営の発達

第3問　中小企業支援法

● 目的（第一条）

この法律は、国、都道府県等及び［①］が行う中小企業支援事業を計画的かつ効率的に推進するとともに、中小企業の経営の診断等の業務に従事する者の［②］の制度及び中小企業の経営資源の確保を支援する事業に関する［③］等を行う者の認定の制度を設けること等により、中小企業の経営資源の確保を支援し、もつて中小企業の振興に寄与することを目的とする。

● 中小企業支援計画（第三条第一項）

経済産業大臣は、毎年、中小企業の経営資源の確保を支援する次に掲げる事業であって、国、都道府県及び［①］が行うものの実施に関する計画を定めるものとする。

一　中小企業者の依頼に応じて、その［④］に関し、経営の診断又は経営に関する助言を行う事業

二　中小企業者の依頼に応じて、技術に関する助言を行う事業又はそのために必要な［⑤］を行う事業

三　中小企業の［④］又は技術に関し、中小企業者又はその従業員に対して研修を行う事業

四　［⑥］を養成し、又は［⑥］に対して研修を行う事業

五　前各号に掲げるもののほか、中小企業の経営の診断又は経営若しくは技術に関する助言に関連する事業

（設問）

文中の空欄①～⑥に適切な語句を記入せよ。

解説

中小企業支援法は、国などが行う中小企業支援事業を計画的・効率的に推進するとともに、中小企業の経営の診断等の業務に従事する者の登録の制度（中小企業診断士制度）を設けること等により、中小企業の経営資源の確保を支援し、中小企業の振興を図ることを目的としている。

平成25年９月に施行された小規模企業活性化法において、中小企業支援法の一部が改正され、ＩＴを活用して、専門家やビジネスパートナーの紹介等を行う者を国が認定し、（独）中小企業基盤整備機構の協力等の支援措置を講じることとなった。

解答 ①独立行政法人中小企業基盤整備機構　②登録　③情報の提供
④経営方法　⑤試験研究　⑥中小企業支援担当者

第4問　中小企業憲章

●基本原則

一　経済活力の源泉である中小企業が、その力を思う存分に発揮できるよう支援する

　資金、人材、海外展開力などの経営資源の確保を支援し、中小企業の持てる力の発揮を促す。その際、経営資源の確保が特に困難であることの多い［　①　］に配意する。中小企業組合、［　②　］などの取組を支援し、力の発揮を増幅する。

二　起業を増やす

　起業は、人々が潜在力と意欲を、組織の枠にとらわれず発揮することを可能にし、［　③　］を増やす。起業促進策を抜本的に充実し、日本経済を一段と活性化する。

三　創意工夫で、新しい市場を切り拓く中小企業の挑戦を促す

　中小企業の持つ多様な力を発揮し、創意工夫で［　④　］を行うなど多くの分野で自由に挑戦できるよう、制約の少ない市場を整える。また、中小企業の［　⑤　］への事業展開を促し、支える政策を充実する。

四　公正な市場環境を整える

　力の大きい企業との間で実質的に対等な取引や競争ができず、中小企業の［　⑥　］が損なわれることのないよう、市場を公正に保つ努力を不断に払う。

五　セーフティネットを整備し、中小企業の安心を確保する

　中小企業は、経済や社会の変化の影響を受け易いので、金融や［　⑦　］などの面で、セーフティネットを整える。また、再生の途をより利用し易いものとし、［　⑧　］を容易にする。

（設問）

　文中の空欄①～⑧に適切な語句を記入せよ。

解説

　中小企業憲章の基本理念では、難局の克服への展開が求められるこのような時代にこそ、これまで以上に意欲を持って努力と創意工夫を重ねることに高い価値を置かなければならず、中小企業は、その大いなる担い手であると述べている。

解答　①小規模企業　②業種間連携　③雇用　④経営革新
⑤海外　⑥自立性　⑦共済制度　⑧再挑戦

第5問　農商工等連携促進法

● 目的（第一条）

この法律は、中小企業者と農林漁業者とが有機的に連携し、それぞれの［①］を有効に活用して行う事業活動を促進することにより、中小企業の経営の向上及び［②］の改善を図り、もって国民経済の健全な発展に寄与することを目的とする。

● 定義（第二条第四項、第六項）

この法律において「農商工等連携事業」とは、中小企業の経営の向上及び［②］の改善を図るため、中小企業者と農林漁業者とが有機的に連携して実施する事業であって、当該中小企業者及び当該農林漁業者のそれぞれの［①］を有効に活用して、［③］の開発、生産若しくは需要の開拓又は［④］の開発、提供若しくは需要の開拓を行うものをいう。

この法律において「農商工等連携支援事業」とは、中小企業者と農林漁業者との［⑤］の機会の提供、中小企業者又は農林漁業者に対する農商工等連携事業に関する［⑥］その他の中小企業者と農林漁業者との有機的な連携を支援する事業をいう。

● 農商工等連携事業計画の認定（第四条第一項）

農商工等連携事業を実施しようとする中小企業者及び農林漁業者は、共同して、当該農商工等連携事業に関する計画（農商工等連携事業計画）を作成し、［⑦］で定めるところにより、これを［⑧］に提出して、その農商工等連携事業計画が適当である旨の認定を受けることができる。

（設問）

文中の空欄①～⑧に適切な語句を記入せよ。

解説

農商工等連携促進法では、①農林漁業者と中小企業者が共同して、新商品の開発等に取り組む計画を作成し、認定を受ける「農商工等連携事業計画」と、②一般社団法人、一般財団法人やＮＰＯが農商工等連携事業に取り組む事業に対する指導・支援を行う計画を作成し認定を受ける「農商工等連携支援事業計画」の２つの事業スキーム及び支援措置を講じている。

解答　①経営資源　②農林漁業経営　③新商品　④新役務
⑤交流　⑥指導又は助言　⑦主務省令　⑧主務大臣

第6問　中小企業等経営強化法①

● 目的（第一条）

この法律は、中小企業等の多様で活力ある成長発展が経済の活性化に果たす役割の重要性に鑑み、新たに設立された企業の事業活動並びに中小企業等の［　①　］、［　②　］、先端設備等導入及び［　③　］の支援を行うことにより、中小企業等の経営強化を図り、もって国民経済の健全な発展に資することを目的とする。

● 定義（第二条第七項）

この法律において「新事業活動」とは、［　④　］の開発又は生産、［　⑤　］の開発又は提供、商品の新たな生産又は販売の方式の導入、役務の新たな提供の方式の導入、技術に関する研究開発及びその成果の利用その他の新たな事業活動をいう。

● 基本方針（第三条第一項、第三項、第四項）

主務大臣は、中小企業等の経営強化に関する基本方針（基本方針）を定めなければならない。

主務大臣は、基本方針を定め、又はこれを変更しようとするときは、あらかじめ、［　⑥　］に協議するとともに、［　⑦　］及び産業構造審議会の意見を聴かなければならない。

主務大臣は、基本方針を定め、又はこれを変更したときは、遅滞なく、これを公表しなければならない。

（設問）

文中の空欄①～⑦に適切な語句を記入せよ。

解説

中小企業等経営強化法は、労働力人口の減少や企業間の国際的な競争の活発化等の下での中小企業・小規模事業者等の経営の強化を図るため、中小企業の新たな事業活動の促進に関する法律（中小企業新事業活動促進法）が改正されたものである。

平成28年７月の施行後、平成30年７月、令和元年７月、令和２年６月にそれぞれ一部が改正され、令和３年６月には新型コロナウイルス感染症の影響、急激な人口の減少等の短期及び中長期の経済社会情勢の変化に適切に対応して、「新たな日常」に向けた取組を先取りし、長期視点に立った企業の変革を後押しするため改正されている。

解答　①経営革新　②経営力向上　③事業継続力強化　④新商品
⑤新役務　⑥関係行政機関の長　⑦中小企業政策審議会

第7問　中小企業等経営強化法②

●定義（第二条第九項）

この法律において「経営革新」とは、事業者が［　①　］を行うことにより、その経営の相当程度の向上を図ることをいう。

●経営革新計画の承認（第十四条第一項、第二項）

特定事業者は、単独で又は共同で行おうとする経営革新に関する計画（経営革新計画）を作成し、［　②　］で定めるところにより、これを［　③　］に提出して、その経営革新計画が適当である旨の承認を受けることができる。

経営革新計画には、次に掲げる事項を記載しなければならない。

一　経営革新の［　④　］

二　経営革新による［　⑤　］の程度を示す指標

三　経営革新の内容及び［　⑥　］

四　経営革新を実施するために必要な資金の額及びその［　⑦　］

五　特定事業者が経営革新に係る［　⑧　］のための費用に充てるためその直接又は間接の構成員に対し負担金の賦課をしようとする場合にあっては、その賦課の基準

●認定経営革新等支援機関（第三十一条第一項）

主務大臣は、主務省令で定めるところにより、経営革新等支援業務を行う者であって、［　⑨　］に適合すると認められるものを、その申請により、経営革新等支援業務を行う者として認定することができる。

●認定の更新（第三十三条第一項）

経営革新等支援機関の認定は、［　⑩　］年ごとにその更新を受けなければ、その期間の経過によって、その効力を失う。

（設問）

文中の空欄①～⑩に適切な語句または数値を記入せよ。

解説

経営革新とは、中小企業者が、新商品の開発又は生産、新役務の開発又は提供、商品の新たな生産又は販売の方式の導入、役務の新たな提供の方式の導入、技術に関する研究開発及びその成果の利用その他の新たな事業活動を行うことにより、その経営の相当程度の向上を図ることをいう。

なお、平成30年７月より経営革新等支援機関認定制度の更新制が導入された。

解答　①新事業活動　②経済産業省令　③行政庁　④目標　⑤経営の向上　⑥実施時期　⑦調達方法　⑧試験研究　⑨基本方針　⑩５

第8問　中小企業等経営強化法③

●定義（第二条第十項）

この法律において「経営力向上」とは、事業者が、事業活動に有用な知識又は技能を有する人材の育成、［①］の分析の結果の活用、商品又は役務の［②］に関する情報の活用、経営能率の向上のための情報システムの構築その他の方法であって、現に有する経営資源又は事業承継等により他の事業者から取得した若しくは提供された経営資源を高度に利用するものを導入して事業活動を行うことにより、［③］を強化し、経営の向上を図ることをいう。

●事業分野別指針（第十六条第一項）

主務大臣は、［④］に基づき、所管に係る事業分野のうち、中小企業者等の経営力向上が特に必要と認められる事業分野を指定し、当該事業分野に係る経営力向上に関する指針（事業分野別指針）を定めることができる。

●経営力向上計画の認定（第十七条第一項、第二項）

特定事業者等は、単独で又は共同で行おうとする経営力向上に関する計画（経営力向上計画）を作成し、［⑤］で定めるところにより、これを［⑥］に提出して、その経営力向上計画が適当である旨の認定を受けることができる。

経営力向上計画には、次に掲げる事項を記載しなければならない。

一　経営力向上の［⑦］
二　経営力向上による［⑧］の程度を示す指標
三　経営力向上の内容及び［⑨］（事業継承等を行う場合にあっては、その［⑨］を含む。）
四　経営力向上を実施するために必要な資金の額及びその［⑩］
五　［⑪］等の種類

（設問）

文中の空欄①～⑪に適切な語句を記入せよ。

解説

中小企業等経営強化法では、中小企業・小規模事業者等の経営強化を図るため、事業所管大臣が事業分野ごとに経営力向上のための取組等について示す指針を事業所管大臣において策定するとともに、当該取組を支援するための措置等を講じている。

解答　①財務内容　②需要の動向　③経営能力　④基本方針　⑤主務省令　⑥主務大臣　⑦目標　⑧経営の向上　⑨実施時期　⑩調達方法　⑪経営力向上設備

第9問　中小企業等経営強化法④

●定義（第二条第十五項）

この法律において「事業継続力強化」とは、事業者が、自然災害又は通信その他の事業活動の基盤における［①］（自然災害等）の発生が事業活動に与える影響を踏まえて、自然災害等が発生した場合における［②］の決定、当該影響の軽減に資する設備の導入、［③］の締結、関係者との連携及び協力その他の事業活動に対する当該影響の軽減及び事業活動の継続に資する対策を事前に講ずるとともに、必要な組織の整備、訓練の実施その他の当該対策の［④］を確保するための取組を行うことにより、自然災害等が発生した場合における事業活動を継続する能力の強化を図ることをいう。

●事業継続力強化計画作成指針（第五十五条第一項）

経済産業大臣は、事業継続力強化計画及び［⑤］の適確な作成に資するため、これらの計画の作成のための［⑥］を定めるものとする。

●事業継続力強化計画の認定（第五十六条第一項）

中小企業者は、事業継続力強化に関する計画（事業継続力強化計画）を作成し、経済産業省令で定めるところにより、これを［⑦］に提出して、その事業継続力強化計画が適当である旨の認定を受けることができる。

（設問）

文中の空欄①～⑦に適切な語句を記入せよ。

解説

自然災害の頻発化や経営者の高齢化によって、多くの中小企業は、事業活動の継続が危ぶまれている。こうした状況を踏まえ、中小企業の事業活動の継続に資するため、中小企業の災害対応力を高めるとともに、円滑な事業承継を促進するため、令和元年７月に中小企業等経営強化法が改正された。

解答　①重大な障害　②対応手順　③損害保険契約　④実効性
⑤連携事業継続力強化計画　⑥指針　⑦経済産業大臣

第10問　中小企業等経営強化法⑤

● 定義（第二条第十四項）

この法律において「先端設備等」とは、従来の処理に比して大量の［①］の処理を可能とする技術その他の先端的な技術を活用した施設、設備、機器、装置又は［②］であって、それを迅速に導入することが中小企業者の［③］の向上に不可欠なものとして経済産業省令で定めるものをいう。

● 導入促進基本計画（第四十九条第一項）

［④］は、基本方針に基づき、先端設備等の導入の促進に関する基本的な計画（導入促進基本計画）を作成し、経済産業省令で定めるところにより［⑤］に協議し、その同意を求めることができる。

● 先端設備等導入計画の認定（第五十二条第一項）

同意導入促進基本計画に基づく先端設備等の導入をしようとする中小企業者は、その実施しようとする先端設備等導入に関する計画（先端設備等導入計画）を作成し、経済産業省令で定めるところにより、その導入する先端設備等の所在地を管轄する［⑥］に提出して、その認定を受けることができる。

（設問）

文中の空欄①～⑥に適切な語句を記入せよ。

解説

「新しい経済政策パッケージ」の中で、令和２年度までを「生産性革命・集中投資期間」として、あらゆる政策を総動員することとしたことを受け、我が国産業の生産性を短期間に向上させるために、平成30年６月に生産性向上特別措置法が施行された。

産業競争力強化法等の一部を改正する法律の成立・施行に伴い、生産性向上特別措置法が廃止され、先端設備等導入制度は令和３年６月に中小企業等経営強化法に移管された。

解答　①情報　②プログラム　③生産性　④市町村（特別区を含む）
⑤経済産業大臣　⑥特定市町村

第11問　産業競争力強化法

● 目的（第一条）

この法律は、我が国経済を再興すべく、我が国の産業を中長期にわたる低迷の状態から脱却させ、持続的発展の軌道に乗せるためには、経済社会情勢の変化に対応して、産業競争力を強化することが重要であることに鑑み、産業競争力の強化に関し、［　①　］、国及び事業者の責務を定めるとともに、規制の特例措置の整備等及びこれを通じた［　②　］を推進し、併せて、産業活動における新陳代謝の活性化を促進するための措置、［　③　］に特定事業活動の支援等に関する業務を行わせるための措置及び中小企業の活力の再生を円滑化するための措置を講じ、もって国民生活の向上及び国民経済の健全な発展に寄与することを目的とする。

● 認定支援機関（第百三十四条第一項）

経済産業大臣は、［　④　］に基づき、経済産業省令で定めるところにより、商工会、都道府県商工会連合会、商工会議所又は中小企業支援法に規定する指定法人であって、［　⑤　］の区域の全部又は一部の地域において中小企業再生支援業務を適正かつ確実に行うことができると認められるものを、その申請により、中小企業再生支援業務を行う者として認定することができる。

（設問）

文中の空欄①～⑤に適切な語句を記入せよ。

解説

産業競争力強化法は、平成25年６月14日に閣議決定された「日本再興戦略」に盛り込まれた施策を確実に実行し、日本経済を再生し、産業競争力を強化することを目的としている。我が国の産業競争力強化のためには、日本経済の３つの歪み、すなわち「過剰規制」、「過小投資」、「過当競争」を是正していくことが重要であり、本法律は、そのキードライバーとしての役割を果たすものである。

なお、平成30年７月には我が国経済の成長軌道を確かなものとし、産業の発展を持続させ、企業の経営基盤を強化するため、令和３年６月には新型コロナウイルス感染症の影響、急激な人口の減少等の短期及び中長期の経済社会情勢の変化に適切に対応して、「新たな日常」に向けた取組を先取りし、長期視点に立った企業の変革を後押しするため改正されている。

解答　①基本理念　②規制改革　③株式会社産業革新投資機構
④支援指針　⑤都道府県

第12問　下請代金支払遅延等防止法

● 目的（第一条）

この法律は、下請代金の支払遅延等を防止することによつて、親事業者の下請事業者に対する取引を［①］ならしめるとともに、下請事業者の［②］を保護し、もつて国民経済の健全な発達に寄与することを目的とする。

● 遅延利息（第四条の二）

親事業者は、下請代金の支払期日までに下請代金を支払わなかつたときは、下請事業者に対し、下請事業者の給付を［③］した日（役務提供委託の場合は、下請事業者がその委託を受けた役務の提供をした日）から起算して［④］日を経過した日から支払をする日までの期間について、その日数に応じ、当該未払金額に［⑤］で定める率を乗じて得た金額を遅延利息として支払わなければならない。

● 書類等の作成及び保存（第五条）

親事業者は、下請事業者に対し製造委託等をした場合は、［⑤］で定めるところにより、下請事業者の給付、給付の受領（役務提供委託をした場合にあつては、下請事業者がした役務を提供する行為の実施）、下請代金の［⑥］その他の事項について記載し又は記録した書類又は［⑦］を作成し、これを保存しなければならない。

（設問）

文中の空欄①～⑦に適切な語句または数値を記入せよ。

解説

下請代金支払遅延等防止法（下請法）は、親事業者による下請事業者に対する優越的地位の濫用行為を取り締まるために制定された特別の法律である。例えば、下請事業者に責任がないのに、親事業者が発注後に下請代金の額を減じることは禁じられている。たとえ当事者間で協賛金、値引き、歩引き等の名目で発注後に一定金額を下請代金から差し引くことで合意している場合であっても、下請法違反となる。また、親事業者の社内検査などの事務手続の遅れや、下請事業者から請求書が提出されていないことを理由に、下請代金の支払日を遅らせることも認められない。

解答　①公正　②利益　③受領　④60　⑤公正取引委員会規則
⑥支払　⑦電磁的記録

第13問　下請中小企業振興法

● 目的（第一条）

この法律は、下請中小企業の経営基盤の強化を効率的に促進するための措置を講ずるとともに、［①］による下請取引のあつせん等を推進することにより、下請関係を改善して、下請関係にある中小企業者が［②］にその事業を運営し、かつ、その能力を最も有効に発揮することができるよう下請中小企業の振興を図り、もつて国民経済の健全な発展に寄与することを目的とする。

● 振興基準（第三条第一項、第二項）

［③］は、下請中小企業の振興を図るため下請事業者及び親事業者のよるべき一般的な基準（以下「振興基準」という。）を定めなければならない。振興基準には、次に掲げる事項を定めるものとする。

一　下請事業者の生産性の向上及び製品若しくは［④］の品質若しくは性能又は役務の品質の改善に関する事項
二　発注書面の交付その他の方法による親事業者の［⑤］の明確化及び親事業者の発注方法の改善に関する事項
三　下請事業者の施設又は設備の導入、技術の向上及び事業の共同化に関する事項
四　［⑥］の方法、納品の検査の方法その他取引条件の改善に関する事項
五　下請事業者の［⑦］に関する事項
六　下請事業者の［②］な事業の運営の推進に関する事項
七　下請取引に係る紛争の解決の促進に関する事項
八　下請取引の機会の創出の促進その他下請中小企業の振興のため必要な事項

（設問）

文中の空欄①～⑦に適切な語句を記入せよ。

解説

下請中小企業振興法は、下請中小企業の経営基盤の強化を効率的に促進し、下請取引のあっせん等を推進することにより、下請中小企業の振興のための支援策を講じている。平成25年6月に法改正が行われ、下請中小企業が連携して自立的に取引先を開拓する計画「特定下請連携事業計画」が創設され、計画の認定を受けた者に対し、中小企業信用保険法の特例等の支援措置が講じられている。その後、令和３年８月に法改正が行われ、対象となる取引を拡大するとともに、下請事業者が親事業者の協力を得て実施する振興事業計画につき、申請主体の範囲を広げ支援措置が拡充されている。また、下請中小企業取引機会創出事業者の認定制度が創設され、振興基準に認定事業者に関する事項として「下請取引の機会の創出の促進」の事項が追加された。

解答　①下請企業振興協会　②自主的　③経済産業大臣
④情報成果物　⑤発注分野　⑥対価の決定　⑦連携の推進

第14問　小規模企業振興基本法

●目的（第一条）

この法律は、[①]法の基本理念にのっとり、小規模企業の振興について、その基本原則、基本方針その他の基本となる事項を定めるとともに、国及び地方公共団体の[②]等を明らかにすることにより、小規模企業の振興に関する施策を総合的かつ計画的に推進し、もって国民経済の健全な発展及び国民生活の向上を図ることを目的とする。

●基本原則（第三条）

小規模企業の振興は、[③]、国際化及び情報化の進展等の経済社会情勢の変化に伴い、国内の需要が多様化し、若しくは減少し、雇用や就業の形態が多様化し、又は地域の産業構造が変化する中で、顧客との信頼関係に基づく国内外の需要の開拓、創業等を通じた個人の能力の発揮又は自立的で個性豊かな地域社会の形成において小規模企業の活力が最大限に発揮されることの必要性が増大していることに鑑み、個人事業者をはじめ[④]及び技能を活用して多様な事業を創出する小企業者が多数を占める我が国の小規模企業について、多様な主体との連携及び協働を推進することによりその事業の[⑤]が図られることを旨として、行われなければならない。

●小規模企業振興基本計画（第十三条第一項、第五項）

政府は、小規模企業の振興に関する施策の総合的かつ計画的な推進を図るため、[⑥]（基本計画）を定めなければならない。小規模企業をめぐる情勢の変化を勘案し、及び小規模企業の振興に関する施策の効果に関する評価を踏まえ、おおむね[⑦]年ごとに、基本計画を変更するものとする。

（設問）

文中の空欄①～⑦に適切な語句または数値を記入せよ。

解説

小規模企業振興基本法は、小規模企業の振興に関する施策について、総合的かつ計画的に、そして国、地方公共団体、支援機関等が一丸となって戦略的に実施するため、政府が基本計画を閣議決定し、国会に報告する等の新たな施策体系を構築するものである。

解答　①中小企業基本　②責務　③人口構造の変化　④自己の知識
⑤持続的な発展　⑥小規模企業振興基本計画　⑦5

第15問　小規模事業者支援法

● 目的（第一条）

この法律は、商工会及び商工会議所がその機能を活用して小規模事業者の経営の［①］を支援するための措置を講ずることにより、小規模事業者の［②］を図り、もって国民経済の健全な発展に寄与することを目的とする。

● 事業継続力強化支援計画の認定（第五条第一項）

商工会又は商工会議所は、その地区を管轄する市町村（関係市町村）と共同して、小規模事業者の事業継続力強化を支援する事業（［③］）についての計画（事業継続力強化支援計画）を作成し、経済産業省令で定めるところにより、これを［④］に提出して、その事業継続力強化支援計画が適当である旨の認定を受けることができる。

● 経営発達支援計画の認定（第七条第一項）

商工会又は商工会議所は、［⑤］と共同して、小規模事業者を支援する事業であって、小規模事業者の［⑥］、新たな事業の分野の開拓その他の小規模事業者の経営の発達に特に資するもの（経営発達支援事業）についての計画（経営発達支援計画）を作成し、経済産業省令で定めるところにより、これを［⑦］に提出して、その経営発達支援計画が適当である旨の認定を受けることができる。

（設問）

文中の空欄①～⑦に適切な語句を記入せよ。

解説

小規模事業者支援法（商工会及び商工会議所による小規模事業者の支援に関する法律）は、半世紀以上にわたり小規模事業者の経営相談に応じてきた商工会及び商工会議所が、市町村や地域の金融機関等と連携して、小規模事業者の意欲ある取組を強力に支援できる体制を整備するため、平成26年及び令和元年に改正された。

解答 ①改善発達　②経営基盤の充実　③事業継続力強化支援事業　④都道府県知事　⑤関係市町村　⑥技術の向上　⑦経済産業大臣

第16問　地域未来投資促進法

●目的（第一条）

この法律は、地域における産業の集積、観光資源、特産物、技術、人材、情報その他の自然的、経済的又は社会的な観点からみた地域の特性を生かして高い［　①　］を創出し、かつ、地域内の取引の拡大、受注の機会の増大その他の地域の事業者に対する相当の［　②　］を及ぼすものである地域経済牽引事業の促進のために［　③　］がその地域の経済社会情勢を踏まえつつ行う主体的かつ計画的な取組を効果的に支援するための措置を講ずることにより、地域の成長発展の基盤強化を図り、もって国民経済の健全な発展に資することを目的とする。

●基本計画（第四条第一項）

自然的経済的社会的条件からみて一体である地域を区域とする一又は二以上の市町村（特別区を含む）及び当該市町村の区域をその区域に含む都道府県は、共同して、［　④　］に基づき、地域経済牽引事業の促進に関する基本的な計画（基本計画）を作成し、主務省令で定めるところにより主務大臣に協議し、その［　⑤　］を求めることができる。

●地域経済牽引事業計画の承認（第十三条第一項）

［　⑥　］において地域経済牽引事業を行おうとする者は、単独で又は共同して、主務省令で定めるところにより、地域経済牽引事業に関する計画（地域経済牽引事業計画）を作成し、当該［　⑥　］を管轄する［　⑦　］（地域経済牽引事業を行おうとする者に地方公共団体を含むときは、［　⑧　］）の承認を申請することができる。

（設問）

文中の空欄①～⑧に適切な語句を記入せよ。

解説

地域未来投資促進法（地域経済牽引事業の促進による地域の成長発展の基盤強化に関する法律）では、地域経済牽引事業の促進のために地方公共団体が行う取組を支援するとともに、幅広い事業を対象とした支援措置を講じている。

解答　①付加価値　②経済的効果　③地方公共団体　④基本方針
⑤同意　⑥促進区域　⑦都道府県知事　⑧主務大臣

第17問　地域商店街活性化法

● 目的（第一条）

この法律は、商店街が我が国経済の活力の維持及び強化並びに国民生活の向上にとって重要な役割を果たしていることにかんがみ、中小小売商業及び中小サービス業の振興並びに地域住民の［①］及び［②］に寄与してきた商店街の活力が低下していることを踏まえ、商店街への［③］を通じた中小小売商業者又は中小サービス業者の事業機会の増大を図るために商店街振興組合等が行う地域住民の需要に応じた事業活動について、［④］によるその計画の認定、当該認定を受けた計画に基づく事業に対する特別の措置等について定めることにより、商店街の活性化を図ることを目的とする。

● 定義（第二条第二項）

「商店街活性化事業」とは、［⑤］等が、当該［⑤］等に係る商店街の区域及びその周辺の地域の住民の生活に関する需要に応じて行う商品の販売又は役務の提供、［⑥］等の事業であって、これらの事業を行うことにより当該商店街への［③］を通じて主として当該［⑤］等の組合員又は所属員である中小小売商業者又は中小サービス業者の事業機会の増大を図るものをいう。

● 商店街活性化事業計画の認定（第四条第一項）

商店街活性化事業を行おうとする［⑤］等は、当該商店街活性化事業に関する計画（商店街活性化事業計画）を作成し、［⑦］で定めるところにより、これを［④］に提出して、その商店街活性化事業計画が適当である旨の認定を受けることができる。

（設問）

文中の空欄①～⑦に適切な語句を記入せよ。

解説

商店街が「地域コミュニティの担い手」として行う地域住民の生活の利便を高める取組等に対し、国（経済産業大臣）が「商店街活性化事業計画」等の認定を行い、当該計画に基づいて予算措置や税制措置、金融措置などにより総合的な支援を展開している。

解答　①生活の向上　②交流の促進　③来訪者の増加　④経済産業大臣
⑤商店街振興組合　⑥行事の実施　⑦経済産業省令

2

頻出基本編

第1問　中小企業者・小規模企業者の定義

●穴埋め問題編

空欄①～⑩に適切な語句または数値を記入せよ。

（1）中小企業者の定義

a. 製造業・建設業・運輸業・その他の業種（b.～d.を除く）における中小企業者の定義は、資本の額又は出資の総額が［　①　］円以下の会社又は常時使用する従業員の数が［　②　］人以下の会社及び個人である。

b. 卸売業における中小企業者の定義は、資本の額又は出資の総額が［　③　］円以下の会社又は常時使用する従業員の数が［　④　］人以下の会社及び個人である。

c. 小売業における中小企業者の定義は、資本の額又は出資の総額が［　⑤　］円以下の会社又は常時使用する従業員の数が［　⑥　］人以下の会社及び個人である。

d. サービス業における中小企業者の定義は、資本の額又は出資の総額が［　⑦　］円以下の会社又は常時使用する従業員の数が［　⑧　］人以下の会社及び個人である。

（2）小規模企業者の範囲

小規模企業者とは、おおむね常時使用する従業員の数が［　⑨　］人（［　⑩　］（卸売業・小売業）又はサービス業に属する事業を主たる事業として営む者については、５人）以下の事業者である。

●択一問題編

中小企業基本法の定義に基づく、中小企業者と小規模企業者に関する記述の正誤について、最も適切なものの組み合わせを下記の解答群から選べ。

a　資本金3,000万円で従業員数が100人の食品小売業者は中小企業者に該当し、資本金1,000万円で従業員数10人の食品小売業者は小規模企業者に該当する。

b　資本金２億円で従業員数が500人の運輸業者は中小企業者に該当し、資本金1,000万円で従業員数10人の運輸業者は小規模企業者に該当する。

[解答群]

ア　a：正　　b：正

イ　a：正　　b：誤

ウ　a：誤　　b：正

エ　a：誤　　b：誤

解答・解説

●穴埋め問題編

解 答

①3億 ②300 ③1億 ④100 ⑤5,000万 ⑥50 ⑦5,000万 ⑧100
⑨20 ⑩商業

解 説

中小企業者の範囲は、中小企業基本法で次のように定義されている。

a. 製造業・建設業・運輸業・その他の業種（b.～d.を除く）における中小企業者の定義は、資本の額又は出資の総額が3億円以下の会社又は常時使用する従業員の数が300人以下の会社及び個人である。

b. 卸売業における中小企業者の定義は、資本の額又は出資の総額が1億円以下の会社又は常時使用する従業員の数が100人以下の会社及び個人である。

c. 小売業における中小企業者の定義は、資本の額又は出資の総額が5,000万円以下の会社又は常時使用する従業員の数が50人以下の会社及び個人である。

d. サービス業における中小企業者の定義は、資本の額又は出資の総額が5,000万円以下の会社又は常時使用する従業員の数が100人以下の会社及び個人である。

●択一問題編

解 答

ウ

解 説

a 誤り。資本金3,000万円で従業員数100人の食品小売業者は、中小企業者（小売業）の従業員数基準50人を超えているが、資本金基準5,000万円以下を満たしており、「中小企業者」に該当する。

また、資本金1,000万円で従業員数10人の食品小売業者は、小規模企業者（卸売業・小売業）の従業員数基準5人以下を満たしていないため、「小規模企業者」に該当しない。

b 正しい。資本金2億円で従業員数500人の運輸業者は、中小企業者（製造業・建設業・運輸業・その他業種）の従業員数基準300人を超えているが、資本金基準3億円以下を満たしており、「中小企業者」に該当する。

また、資本金1,000万円で従業員数10人の運輸業者は、小規模企業者（製造業・建設業・運輸業・その他業種）の従業員数基準20人以下を満たしているため、「小規模企業者」に該当する。

よって、正解はウとなる。

第2問　経営革新

● 穴埋め問題編

空欄①～⑫に適切な語句または数値を記入せよ。

（1）経営革新の支援

特定事業者が、新商品の開発又は生産、新役務の開発又は提供、商品の新たな生産又は販売の方式の導入、役務の新たな提供の方式の導入その他の新たな事業活動等の［①］を作成し、［②］から「中小企業等経営強化法」に基づく［①］の承認を受け、経営の向上を図るため、様々な支援策を利用できる。

（2）経営目標

経営革新計画の承認を受けるためには、計画期間である［③］年～［④］年のそれぞれの期間終了時における、次の２つの指標の「伸び率」がポイントとなる。

a 「付加価値額」又は「一人当たりの付加価値額」

計画終了時の付加価値額の伸び率は［⑤］％～［⑥］％以上（年率［⑦］％以上の伸び）。

付加価値額とは、［⑧］、人件費及び減価償却費の合計である。

b 「給与支給総額」

計画終了時の給与支給総額の伸び率は［⑨］％～［⑩］％以上（年率［⑪］％以上の伸び）。

給与支給総額＝［⑫］＋給料＋賃金＋賞与＋各種手当

（注）「各種手当」には、残業手当、休日手当、家族（扶養）手当、住宅手当等を含み、給与所得とされない手当（退職手当等）及び福利厚生費は含まない。

● 択一問題編

中小企業等経営強化法に基づく経営革新の支援策を受けるためには、経営革新計画の承認を受ける必要がある。経営革新計画に関する記述として、最も不適切なものはどれか。

ア　５年計画の経営革新計画を作成する場合、計画期間終了時における「付加価値額」の目標伸び率は、５％以上である。

イ　経営革新計画における「付加価値額」は、営業利益、人件費、減価償却費の合計として算出する。

ウ　経営革新計画は、都道府県または国の承認を受ける必要がある。

エ　経営革新計画の計画期間は３年～５年である。

解答・解説

●穴埋め問題編

解　答

①経営革新計画　②都道府県または国　③3　④5　⑤9　⑥15　⑦3
⑧営業利益　⑨4.5　⑩7.5　⑪1.5　⑫役員報酬

解 説

中小企業等経営強化法は、中小企業等の経営強化を図るため、⑴新たに設立された企業の事業活動、⑵経営革新、⑶経営力向上、⑷先端設備等導入、⑸事業継続力強化等を支援するための措置を講じるものである。この法律では、経営革新を、「事業者が新事業活動を行うことにより、その経営の相当程度の向上を図ること」と定義している。経営革新の支援を受けるためには、経営革新計画を作成し、都道府県または国から承認を受ける必要がある。その際には、下表の経営目標を満たす必要がある。

[経営革新計画終了時の経営目標]

計画終了時	「付加価値額」又は「一人当たりの付加価値額」の伸び率	「給与支給総額」の伸び率
３年計画の場合	９％以上	4.5％以上
４年計画の場合	12％以上	６％以上
５年計画の場合	15％以上	7.5％以上
	※「年率３％以上の伸び率」	※「年率1.5％以上の伸び率」

●択一問題編

解　答

ア

解 説

ア　不適切である。経営革新計画の経営目標は、「付加価値額」又は「一人当たりの付加価値額」が年率平均３％以上伸び、かつ「給与支給総額」が年率平均1.5％以上伸びる計画となっていることが必要である。本選択肢では、「５年計画の経営革新計画」とあるので、計画期間終了時における「付加価値額」の目標伸び率は15％以上が必要になる。

イ　適切である。付加価値額＝営業利益＋人件費＋減価償却費で算出する。

ウ　適切である。事業内容や経営目標を盛り込んだ経営革新計画を作成し、都道府県または国の承認を受ける必要がある。

エ　適切である。経営革新計画の計画期間は３年～５年である。

第3問　中小企業活性化協議会

●穴埋め問題編

空欄①～⑧に適切な語句または数値を記入せよ。

（1）中小企業活性化協議会

産業競争力強化法に基づいて中小企業の活性化を支援する「公的機関」として［①］に設置されており、全国の商工会議所等が運営している。「地域全体での［②］、経営改善、事業再生、［③］の最大化」を追求するため、a.「中小企業の［④］」として、幅広く中小企業者の相談に対応し、b. 協議会自身においてあらゆるフェーズの中小企業者への支援と民間の［⑤］の育成を実施し、c. 各フェーズでの民間による支援を促進すべく民間の［⑤］の活用を普及啓発している。

（2）支援対象

［⑥］等により経営状況が悪化しているが、財務や事業の見直しなどにより［②］・事業再生・［③］が可能な中小企業者

（3）支援内容

事業再生に関する知識と経験を持つ専門家が常駐し、中小企業者の［②］から［③］までの幅広い相談に対して、課題解決に向けた適切なアドバイスを実施する。相談案件のうち、財務や事業の見直しが必要な企業については、常駐専門家（必要に応じて、中小企業診断士、公認会計士、税理士、弁護士等の外部専門家と［⑦］を編成）が、計画策定を支援する。

計画策定支援にあたっては、政府系金融機関、信用保証協会等の関係機関と連携を図りながら、［⑧］な立場で金融機関などの関係者間の調整を支援する。

●択一問題編

「中小企業活性化協議会」に関する記述として、最も適切なものはどれか。

ア　全国７か所の認定支援機関に設置されている。

イ　支援を受けるためには、都道府県知事の再生計画認定を受ける必要がある。

ウ　計画策定支援にあたっては、主要債権者等との連携を図りながら具体的で実現可能な再生計画の策定支援を行う。

エ　中小企業支援法に基づき設置されている。

解答・解説

●穴埋め問題編

解　答

①各都道府県　②収益力改善　③再チャレンジ　④駆け込み寺　⑤支援専門家
⑥過剰債務　⑦個別支援チーム　⑧公正中立

解 説

中小企業活性化協議会は、中小企業の活性化を支援する「公的機関」として各都道府県に設置されており、全国の商工会議所等が運営している。収益性のある事業を有しているが、財務上の問題を抱えている中小企業者の再生を支援するため、平成15年に中小企業再生支援協議会が創設された。長期にわたり中小企業者を支援してきたが、令和4年4月に「中小企業活性化パッケージ」が公表され、中小企業再生支援協議会は、経営改善支援センターと統合し、「中小企業活性化協議会」が設置された。

事業再生に関する知識と経験を持つ専門家が常駐し、中小企業者の収益力改善から再チャレンジまでの幅広い相談に対して、課題解決に向けた適切なアドバイスを実施する。また、相談案件のうち、財務や事業の見直しが必要な企業については、常駐専門家（必要に応じて、中小企業診断士、公認会計士、税理士、弁護士等の外部専門家と個別支援チームを編成）が計画策定を支援する。計画策定支援にあたっては、政府系金融機関、信用保証協会等の関係機関と連携を図りながら、公正中立的な立場で金融機関などの関係者間の調整を支援する。

●択一問題編

解　答

ウ

解 説

ア　不適切である。中小企業活性化協議会は、経済産業大臣が認定した各都道府県の商工会議所等に設置されている。

イ　不適切である。具体的な再生計画の策定が必要な場合、専門家（中小企業診断士、弁護士、公認会計士、税理士など）からなる個別支援チームを編成し支援するが、再生計画の認定を受ける必要はない。

ウ　適切である。必要に応じて関係金融機関等との調整を行いながら、再生計画の策定支援を行う。

エ　不適切である。中小企業活性化協議会は「産業競争力強化法」に基づき設置されている。

第4問　下請取引適正化

●穴埋め問題編

空欄①～⑫に適切な数値を記入せよ。

(1) 下請代金支払遅延等防止法の適用範囲

a. 製造委託・修理委託、政令で定める情報成果物作成委託・役務提供委託（プログラム作成、運送、物品の倉庫における保管及び情報処理に係るもの）

●資本金［①］億円を超える法人たる事業者が、個人または資本金［②］億円以下の法人たる事業者に業務を委託する。

●資本金［③］千万円を超え［④］億円以下の法人たる事業者が、個人または資本金［⑤］千万円以下の法人たる事業者に業務を委託する。

b. 情報成果物作成委託・役務提供委託（プログラム作成、運送、物品の倉庫における保管及び情報処理に係るものを除く）

●資本金［⑥］千万円を超える法人たる事業者が、個人または資本金［⑦］千万円以下の法人たる事業者に業務を委託する。

●資本金［⑧］千万円を超え［⑨］千万円以下の法人たる事業者が、個人または資本金［⑩］千万円以下の法人たる事業者に業務を委託する。

(2) 親事業者の義務

a. 書面を交付する義務

b. 書類の作成・保存義務

c. 下請代金の支払期日を定める義務

物品等を受領した日から起算して［⑪］日以内でできる限り短い期間内で定める。

d. 遅延利息の支払義務

支払期日までに支払わなかった場合、物品等を受領した日から起算して［⑪］日を経過した日から支払をする日までの日数に年率［⑫］％を乗じた額の遅延利息を支払う。

●択一問題編

下請代金支払遅延等防止法の対象となる取引として、最も適切なものはどれか。

ア　資本金800万円の製造業者が、資本金200万円の製造業者に物品の製造を委託する。

イ　資本金8,000万円の製造業者が、資本金5,000万円の製造業者に物品の製造を委託する。

ウ　資本金１億円の製造業者が、資本金800万円の製造業者に物品の製造を委託する。

エ　資本金８億円の製造業者が、資本金４億円の製造業者に物品の製造を委託する。

解答・解説

●穴埋め問題編

解 答

①3 ②3 ③1 ④3 ⑤1 ⑥5 ⑦5 ⑧1 ⑨5 ⑩1 ⑪60 ⑫14.6

解説

「下請代金支払遅延等防止法」は、下請取引の適正化・下請事業者の利益保護を目的とした法律である。親事業者、下請事業者の定義は以下のとおりである。

a. 製造委託・修理委託、政令で定める情報成果物作成委託・役務提供委託（プログラム作成、運送、物品の倉庫における保管及び情報処理に係るもの）

親事業者		下請事業者
資本金３億円超	→	資本金３億円以下（個人含む）
資本金１千万円超３億円以下	→	資本金１千万円以下（個人含む）

b. 情報成果物作成委託・役務提供委託（プログラム作成、運送、物品の倉庫における保管及び情報処理に係るものを除く）

親事業者		下請事業者
資本金５千万円超	→	資本金５千万円以下（個人含む）
資本金１千万円超５千万円以下	→	資本金１千万円以下（個人含む）

また、不公正な取引を規制するため、親事業者に「書面を交付する義務」、「書類の作成・保存義務」、「下請代金の支払期日を定める義務」、「遅延利息の支払義務」を課している。

●択一問題編

解 答

ウ

解説

ア 不適切である。委託者の資本金が800万円であり、親事業者に該当しない。

イ 不適切である。委託者の資本金が8,000万円であり「資本金１千万円超３億円以下」の親事業者に該当するが、受託者の資本金は5,000万円であり「資本金１千万円以下（個人含む）」の下請事業者に該当しない。

ウ 適切である。委託者の資本金が１億円であり「資本金1千万円超3億円以下」の親事業者に該当し、受託者の資本金は800万円であり「資本金1千万円以下（個人含む）」の下請事業者に該当する。

エ 不適切である。委託者の資本金が８億円であり「資本金３億円超」の親事業者に該当するが、受託者の資本金は４億円であり「資本金３億円以下（個人含む）」の下請事業者に該当しない。

第5問　組合制度

●穴埋め問題編

空欄①～⑩に適切な語句を記入せよ。

(1) 中小企業等協同組合法に基づく組合制度

中小企業等協同組合制度は、「中小企業等協同組合法」に基づくもので、中小規模の事業者、勤労者などが、組織化し、［①］の精神に基づき、協同して事業に取り組むことによって、技術・情報・人材等お互いの不足する［②］の相互補完を図るための制度である。

この中小企業等協同組合は、［③］、事業協同小組合、［④］、協同組合連合会及び［⑤］の5種類に分かれ、それぞれの機能・目的に応じて積極的に活動することにより、中小企業の成長発展に大きく寄与している。

(2) 中小企業団体の組織に関する法律に基づく組合制度

［⑥］は、組合員の生産、販売その他の事業活動についての協業を図ることにより、企業規模の適正化による生産性の向上等を効率的に推進し、その共同の利益を増進することを目的としている。

［⑦］制度は、業界全体の中小企業者を代表して、その事業の改善発達を図ることを目的とする同業組合制度としての性格を持っている。

［⑦］連合会は、［⑦］の連合体であり、会員である［⑦］又は［⑦］連合会の行う事業の総合的な事業を行う。

(3) 商店街振興組合法に基づく組合制度

商店街振興組合、同連合会は、「商店街振興組合法」に基づくもので、［⑧］が形成されている地域において、［⑨］又は［⑩］に属する事業その他の事業を営む者及び定款で定めた者のための組織であって、共同経済事業や環境整備事業を行うことを目的としている。

●択一問題編

中小企業の組合制度である「事業協同組合」、「企業組合」、「協業組合」に関する記述について、最も適切なものはどれか。

ア　いずれも、発起人数は7人以上である。
イ　いずれも、中小企業等協同組合法を根拠法規としている。
ウ　いずれも、議決権は1人1票であり、出資比例の議決権は認められていない。
エ　いずれも、株式会社への組織変更が認められている。

☞ 解答・解説

●穴埋め問題編

解 答

①相互扶助 ②経営資源 ③事業協同組合 ④信用協同組合 ⑤企業組合
（③～⑤は順不同） ⑥協業組合 ⑦商工組合 ⑧商店街 ⑨小売商業
⑩サービス業（⑨、⑩順不同）

解 説

中小企業は一般に、規模の過小性、技術力の低さ、信用力の弱さ等によって不利な立場に立たされている場合が多く、同業者などが相寄り集まって組織化することは、生産性の向上を図り、価値実現力を高め、対外交渉力の強化を図るための有効な方策の1つである。

組合の事業を継続し会社組織を設立する際の、解散・設立手続きが煩雑な上に事業活動が数ヵ月停止する、組合の資産を会社に引き継ぐコストが大きいといった問題点を解消するため中小企業組合から株式会社への組織変更が可能になっている。

中小企業等協同組合法に基づく組合には、事業協同組合、事業協同小組合、信用協同組合、協同組合連合会及び企業組合がある。

中小企業団体の組織に関する法律に基づく組合には、協業組合、商工組合及び商工組合連合会がある。商店街振興組合法に基づく組合には、商店街振興組合及び同連合会があり、商店街が形成されている地域において小売商業又はサービス業に属する事業その他の事業を営む者のための組織である。

●択一問題編

解 答

エ

解 説

ア 不適切である。「事業協同組合」、「企業組合」、「協業組合」の発起人の数は、いずれも4人以上である。

イ 不適切である。「事業協同組合」及び「企業組合」の根拠法規は、中小企業等協同組合法である。「協業組合」の根拠法規は、中小企業団体の組織に関する法律である。

ウ 不適切である。「事業協同組合」及び「企業組合」の議決権は、1人1票である。「協業組合」の議決権は、各組合員平等が原則であるが、定款で定めれば組合員に平等割りで分配される議決権や、その議決権の総数を超えない範囲で出資割りの議決権とできる。

エ 適切である。「事業協同組合」、「企業組合」、「協業組合」のいずれも、株式会社への組織変更が認められている。

第6問　新しい事業体制度

●穴埋め問題編

空欄①～⑨に適切な語句を記入せよ。

(1) LLP (Limited Liability Partnership：有限責任事業組合)

LLP（有限責任事業組合）は、技術やビジネスアイデアを持つ個人が［①］としてパートナーシップを組む場合や、中小企業者同士の［②］事業、中小企業と大企業の［②］事業、産学［②］事業など多様な活用が可能である。

LLPには、次の特徴がある。

（ア）［③］が有限責任

（イ）組織の［④］の設定が柔軟

（ウ）［⑤］課税

(2) LLC (Limited Liability Company：合同会社)

LLC（合同会社）は、合名会社や合資会社と同様に［⑥］と呼ばれる組織形態で、人的な能力を活かした［⑦］などでの活用が可能である。

LLCの特徴のうち、次の点はLLPと同じである。

（ア）［⑧］が有限責任

（イ）組織の［④］の設定が柔軟

LLCの特徴のうち、次の点はLLPと異なる。

（ア）［⑨］格を有する

（イ）［⑨］課税

●択一問題編

金型メーカーのA社は、高性能自動車部品を開発・製造するために、金型メーカーB社、成形加工メーカーC社、D社と連携し、有限責任事業組合（LLP）を設立した。このLLPに関する記述として、最も不適切なものはどれか。

ア　貸借対照表の作成が不要である。

イ　取締役会の設置が不要である。

ウ　利益が出れば、LLPには課税されず、各組合員に帰属する利益に直接課税される。

エ　開発投資による損失を、組合員の所得と通算できる。

オ　開発への貢献の大きい組合員に、出資比率以上の議決権と利益を分配することができる。

☞ 解答・解説

●穴埋め問題編

解 答

①共同経営者　②連携　③組合員全員　④内部ルール　⑤構成員　⑥人的会社
⑦創業　⑧社員（出資者）　⑨法人

解 説

海外では、ベンチャー企業や中小企業の連携、高い専門性を有する個人同士の連携による共同事業を振興するため、LLP（Limited Liability Partnership：有限責任事業組合）やLLC（Limited Liability Company：有限責任会社）という事業体制度が整備されており、大きな効果を上げている。

日本では、LLPが新しい共同事業の組織として平成17年に創設された。LLCは、新しい会社形態として平成18年に創設された。

これらの事業体は、株式会社のように出資者が有限責任であると同時に、組合（パートナーシップ）のように内部組織を柔軟に設定することができる（内部自治）という特徴を有している。

LLPとLLCの主な違いは、法人格と課税制度である。法人格について、LLPは組合のため法人格がないのに対し、LLCは会社のため法人格を有する。課税制度に関しては、LLPは組合員（構成員）の利益に課税されるが、LLCは法人に対して課税される。

●択一問題編

解 答

ア

解 説

ア　不適切である。債権者保護の観点から、損益計算書、貸借対照表などを作成し、債権者の求めに応じて開示する義務や組合財産の分配規制などの規制がある。

イ　適切である。取締役会などの設置が不要である。

ウ　適切である。LLPに利益が出れば、LLP自体にではなく、損益分配割合に従って各組合員に帰属する利益に課税される構成員課税となっている。

エ　適切である。構成員課税であるため、損失が出れば、各組合員の所得と通算できる。

オ　適切である。組合員の貢献にあわせて組合員間で出資比率に拘わらず議決権と損益分配割合を柔軟に設定できる。

第7問　中小企業退職金共済制度

● 穴埋め問題編

空欄①～⑩に適切な語句を記入せよ。

(1) 一般の中小企業退職金共済制度

主に［①］を対象として、中小企業者が独立行政法人勤労者退職金共済機構（以下「機構」という。）と従業員ごとに［②］を結ぶ。各人について毎月一定額の掛金を納付することにより、従業員が退職した場合に、所定の金額（掛金月額と掛金納付月数に応じた金額）の退職金が、機構から［③］その従業員に対し支払われる。

なお、事業主との間に使用従属関係が認められる［④］についても、「従業員」として本制度に加入できる。

(2) 特定業種退職金共済制度

厚生労働大臣が指定する業種（建設業、清酒製造業及び林業）の中小企業者が、［⑤］雇用する労働者（期間雇用者）を対象として、機構と特定業種［②］を結ぶ。

その期間雇用者の退職金共済手帳に、［⑥］に応じて所定の日額の共済証紙を貼付して掛金を納付することにより、その期間雇用者がその［⑦］から退職した場合等に、所定の金額（掛金日額と掛金納付月数に応じた金額）の退職金が、機構から［③］その期間労働者に対し支払われる。

(3) 掛金

掛金の一部を［⑧］が助成している。

また、掛金については、全額事業主の［⑨］とされ、退職金を一時金で受け取る場合には［⑩］が認められるなど、税法上の優遇措置が講じられている。

● 択一問題編

「中小企業退職金共済制度」に関する記述について、最も適切なものはどれか。

ア　掛金は、全額事業主の損金または必要経費とされる。
イ　いわば「経営者の退職金制度」である。
ウ　中小企業者が独立行政法人中小企業基盤整備機構と退職金共済契約を締結する。
エ　従業員が退職したときに、所定の退職金が事業主に支払われる。

☞ 解答・解説

●穴埋め問題編

解　答

①常用労働者　②退職金共済契約　③直接　④同居の親族　⑤期間を定めて
⑥雇用日数　⑦業界　⑧国　⑨損金又は必要経費　⑩退職所得控除

解 説

中小企業退職金共済制度は、中小企業で働く従業員の福祉の増進と中小企業の振興に寄与することを目的として、独力では退職金制度を設けることが困難な中小企業者について、事業主の相互共済の仕組みと国の援助によって設けられた退職金制度である。

中小企業退職金共済制度には、一般の中小企業退職金共済制度と特定業種退職金共済制度がある。

一般の中小企業退職金共済制度は、主に常用労働者を対象としており、従業員ごとに退職金共済契約を結ぶ制度である。その従業員が退職した場合は、所定の金額の退職金が、直接その従業員に対して支払われる。

特定業種退職金共済制度は、厚生労働大臣が指定する業種（建設業、清酒製造業及び林業）の期間雇用者を対象としており、特定業種退職金共済契約を結ぶ制度である。その期間雇用者がその業界から退職した場合などには、所定の金額の退職金が、直接その期間労働者に対して支払われる。

●択一問題編

解　答

ア

解 説

ア　適切である。掛金については、全額事業主の損金又は必要経費とされるなど、税法上の優遇措置が講じられている。

イ　不適切である。中小企業退職金共済制度は、中小企業で働く従業員の福祉の増進と中小企業の振興に寄与することを目的としており、経営者の退職金制度ではない。

ウ　不適切である。中小企業者は、独立行政法人勤労者退職金共済機構と従業員ごとに退職金共済契約を締結する。

エ　不適切である。従業員が退職したときは、所定の金額の退職金が直接その従業員に対して支払われる。

第8問　小規模企業共済制度

●穴埋め問題編

空欄①～⑩に適切な語句または数値を記入せよ。

(1) 小規模企業共済制度の概要

小規模企業の経営者が［①］や［②］に備え、生活の安定や［③］を図るための資金をあらかじめ準備しておくための共済制度である。

(2) 小規模企業共済制度の加入資格

小規模企業共済制度に加入できるのは、次の方である。

a. 常時使用する従業員の数が［④］人以下（宿泊業と娯楽業を除く商業・サービス業は、［⑤］人）以下の個人事業主または会社の［⑥］

b. 事業に従事する組合員の数が［④］人以下の企業組合や、常時使用する従業員の数が［④］人以下の協業組合の［⑥］

c. 常時使用する従業員の数が［④］人以下であって、農業の経営を主として行っている農事組合法人の［⑥］

d. 常時使用する従業員の数が5人以下の弁護士法人、税理士法人等の士業法人の社員

e. 上記　a. に該当する個人事業主が営む事業の経営に携わる［⑦］

(3) 税法上の扱い

掛金は全額［⑧］扱い、一括受取共済金は［⑨］扱い、分割受取共済金は［⑩］の雑所得扱いである。

●択一問題編

小規模企業共済制度に関する記述として、最も適切なものはどれか。

ア　掛金月額は、1,000円～50,000円（1,000円刻み）である。

イ　契約者貸付を受ける場合、担保、保証人は不要である。

ウ　契約者貸付を受ける場合、原則として無利子である。

エ　共済金の分割支給の支給期間は、20年である。

☞ 解答・解説

●穴埋め問題編

解　答

①廃業　②退職（①、②は順不同）　③事業の再建　④20　⑤5　⑥役員
⑦共同経営者　⑧所得控除　⑨退職所得　⑩公的年金等

解 説

（1）小規模企業者は経営基盤が脆弱であり、中小企業の中でも特に高い事業リスクを抱えているため、小規模企業者が退職、廃業等に遭遇した場合に、その後の生活の安定や事業の再建などの資金をあらかじめ準備しておくことが必要となる。小規模企業共済法では、そのための共済制度を定めている。

（2）小規模企業共済制度への加入できるのは次の方である。

a．常時使用する従業員の数が20人（宿泊業と娯楽業を除く商業・サービス業は５人）以下の個人事業主または会社の役員

b．事業に従事する組合員の数が20人以下の企業組合の役員や常時使用する従業員の数が20人以下の協業組合の役員

c．常時使用する従業員の数が20人以下であって、農業の経営を主として行っている農事組合法人の役員

d．常時使用する従業員の数が５人以下の弁護士法人、税理士法人等の士業法人の社員

e．上記ａ.に該当する個人事業主が営む事業の経営に携わる共同経営者

（3）掛金・共済金等の税法上の扱いは次のとおりである。

・掛金　：全額所得控除扱い
・一括受取共済金：退職所得扱い／分割受取共済金：公的年金等の雑所得扱い

●択一問題編

解　答

イ

解 説

ア　不適切である。掛金月額は、1,000円から70,000円で500円刻みである。

イ　適切である。契約者貸付制度には、一般貸付、傷病災害時貸付、創業転業時・新規事業展開等貸付、福祉対応貸付、緊急経営安定貸付、事業承継貸付、廃業準備貸付があるが、いずれも担保、保証人は不要である。

ウ　不適切である。契約者貸付制度における貸付利率は、原則として有利子である。一般貸付は年利１.5%、その他の貸付は年利0.9%である（令和５年７月現在）。

エ　不適切である。共済金の分割支給の支給期間は、10年又は15年である。

第9問 中小企業倒産防止共済制度（経営セーフティ共済）

●穴埋め問題編

空欄①～⑩に適切な語句を記入せよ。

（1）中小企業倒産防止共済制度

中小企業倒産防止共済制度は、［①］の倒産の影響を受けて、連鎖倒産や経営難に陥るなどの事態を防止するための共済制度である。

（2）中小企業倒産防止共済制度の内容

［①］の倒産により売掛金や電子記録債権などの回収が困難となった場合に、掛金納付月数が［②］以上の加入者について、回収が困難となった［③］と納付した掛金総額の［④］に相当する額のいずれか少ない額の範囲内で［⑤］、［⑥］、［⑦］で貸付けが受けられる。

加入資格は、［⑧］以上継続して事業を行っている中小企業者である。掛金は月額5,000円～20万円（5,000円単位）である。掛金の税法上の扱いは、個人は［⑨］扱いであり、法人は［⑩］扱いとなる。

●択一問題編

「中小企業倒産防止共済制度（経営セーフティ共済）」に関して、最も適切なものの組合せを下記の解答群から選べ。

a　小規模企業共済法に基づいている。
b　共済金の貸付条件は無担保、無保証人、無利子である。

[解答群]

ア　a：正　　b：正
イ　a：正　　b：誤
ウ　a：誤　　b：正
エ　a：誤　　b：誤

☞ 解答・解説

●穴埋め問題編

解 答

①取引先企業 ②６か月 ③売掛金債権等の額 ④10倍 ⑤無担保
⑥無保証人 ⑦無利子（⑤、⑥、⑦は順不同） ⑧１年 ⑨必要経費 ⑩損金

解 説

（１）中小企業倒産防止共済制度（経営セーフティ共済）は、取引先企業の倒産によって売掛金や電子記録債権等の回収が困難となり、自らも連鎖倒産などに陥ることを防止するため、中小企業倒産防止共済法により定められた共済制度である。

（２）６か月以上掛金を納付している共済契約者は、回収が困難になった売掛金債権等の額と納付した掛金総額の10倍に相当する額とのいずれか少ない額の範囲内（最高8,000万円まで）で無担保、無保証人、無利子で貸付けが受けられる。ただし、貸付を受けた共済金の10分の１に相当する額が積み立てた掛金から控除される。

中小企業倒産防止共済制度（経営セーフティ共済）への加入資格は、１年以上継続して事業を行っている次の中小企業者等（一部抜粋）である。

・製造業、建設業、運輸業等：従業員300人以下又は資本金３億円以下の会社又は個人事業者
・卸売業：従業員100人以下又は資本金１億円以下の会社又は個人事業者
・サービス業：従業員100人以下又は資本金5,000万円以下の会社又は個人事業者
・小売業：従業員50人以下又は資本金5,000万円以下の会社又は個人事業者
・企業組合及び協業組合

掛金は、月額5,000円～20万円（5,000円単位）であり、掛金の増額や前納も可能である。なお、掛金積立限度額は800万円である。

掛金の税法上の取り扱いは次のとおりである。

・個人：必要経費扱い
・法人：損金扱い

●択一問題編

解 答

ウ

解 説

a 誤り。経営セーフティ共済は、中小企業倒産防止共済法に基づいている。
b 正しい。経営セーフティ共済では、無担保、無保証人、無利子で共済金の貸付が受けられる。

よって、正解はウとなる。

第10問　小規模事業者経営改善資金融資制度（マル経融資）

●穴埋め問題編

空欄①～⑦に適切な語句または数値を記入せよ。

（1）貸付対象者

常時使用する従業員が［　①　］以下（宿泊業と娯楽業を除く商業・サービス業の場合は５人以下）の法人・個人事業主の方で、以下の要件をすべて満たす方

a. 商工会・商工会議所の経営指導員による経営指導を原則［　②　］以上受けていること
b. 所得税、法人税、事業税、都道府県民税などの税金を原則、完納していること
c. 原則として同一地区で［　③　］以上事業を行っていること
d. 商工業者であり、かつ、［　④　］の融資対象業種を営んでいること

（2）支援内容

a. 【対象資金】設備資金、運転資金
b. 【貸付限度額】2,000万円（［　⑤　］万円超の貸付を受けるには、貸付前に事業計画を作成し、貸付後に残高が［　⑤　］万円以下になるまで、経営指導員による実地訪問を半年毎に１回受ける必要がある。）
c. 【貸付利率】令和５年７月３日現在　1.07％
d. 【貸付期間】設備資金［　⑥　］年以内（据置期間は２年以内）
　　　　　　　運転資金［　⑦　］年以内（据置期間は１年以内）
e. 【貸付条件】無担保・無保証人

●択一問題編

家族２人で飲食店を営むＡ氏から中小企業診断士のＢ氏に対して、「経営改善を図るための融資制度を教えて欲しい」との相談があった。Ｂ氏は「小規模事業者経営改善資金融資制度」を紹介することとした。Ａ氏に対する説明として最も適切なものの組み合わせを下記の解答群から選べ。

a　飲食業の場合、常時使用する従業員が５人以下であることが必要です。
b　原則として同一地区で６カ月以上事業を行っていることが必要です。
c　商工会・商工会議所等の経営指導を原則６カ月以上受けていることが必要です。
d　融資の申し込みは、日本政策金融公庫で行います。

［解答群］

ア　aとb　　イ　aとc　　ウ　bとc　　エ　bとd　　オ　cとd

☞ 解答・解説

●穴埋め問題編

解　答

①20人　②6カ月　③1年　④日本政策金融公庫　⑤1,500　⑥10　⑦7

解 説

小規模事業者経営改善資金融資制度とは、小規模事業者が、経営改善のための資金を無担保・無保証人・低利で融資を受けることができる制度である。

（1）対象となる方

常時使用する従業員が20人以下（宿泊業と娯楽業を除く商業・サービス業の場合は5人以下）の法人・個人事業主の方で、以下の要件をすべて満たす方

a. 商工会・商工会議所の経営指導員による経営指導を原則6カ月以上受けていること
b. 所得税、法人税、事業税、都道府県民税などの税金を原則、完納していること
c. 原則として同一地区で1年以上事業を行っていること
d. 商工業者であり、かつ、日本政策金融公庫の融資対象業種を営んでいること

（2）支援内容

a. 【対象資金】設備資金、運転資金
b. 【貸付限度額】2,000万円（1,500万円超の貸付を受けるには、貸付前に事業計画を作成し、貸付後に残高が1,500万円以下になるまで、経営指導員による実地訪問を半年毎に1回受ける必要がある。）
c. 【貸付利率】令和5年7月3日現在　1.07%
d. 【貸付期間】設備資金10年以内（据置期間は2年以内）
　　運転資金7年以内（据置期間は1年以内）
e. 【貸付条件】無担保・無保証人

●択一問題編

解　答

イ

解 説

a　適切である。宿泊業と娯楽業を除く商業・サービス業の場合は5人以下の法人・個人事業主が対象となる。

b　不適切である。原則として同一地区で1年以上事業を行っている必要がある。

c　適切である。商工会・商工会議所の経営指導員による経営指導を原則6カ月以上受けている必要がある。

d　不適切である。融資の申し込みは事業所が所在する地区の商工会・商工会議所で行う。

第11問　事業承継支援

●穴埋め問題編

空欄①～⑦に適切な語句を記入せよ。

(1) 中小企業における経営の承継の円滑化に関する法律

事業承継円滑化のための総合的支援策の基礎となる「中小企業における経営の承継の円滑化に関する法律（［　①　］法）」が平成20年5月に成立、同年10月1日から施行された。

これにより、中小企業における経営の承継の円滑化に関する法律における経済産業大臣（現在は［　②　］）の［　③　］を受けた非上場中小企業の株式等に係る［　④　］税・贈与税の納税猶予制度が創設された。また、平成30年度税制改正では［　④　］税・贈与税の納税猶予制度に10年間限定の特例措置が設けられ、令和元年度税制改正では個人の事業用資産を対象とした10年間限定の特例措置（個人版事業承継税制）が設けられた。

(2) 中小企業の事業引継ぎ支援体制の整備

産業競争力強化法に基づき47都道府県に設置されている認定支援機関において、M＆A等を取り扱う「事業承継・引継ぎ［　⑤　］」を設置している。

また、事業承継・引継ぎ［　⑤　］では、個人事業主等と起業家をマッチングする後継者［　⑥　］を設置している。加えて、平成26年4月からは［　⑦　］に全国本部を設置し、事業引継ぎに関するデータベースを構築して広域的なマッチングの促進を行っている。

●択一問題編

個人版事業承継税制に関する記述について、最も不適切なものはどれか。

ア　平成31年1月1日から令和10年12月31日までに行われた一定の事業用資産の贈与・相続が対象となる。

イ　制度の適用を受けるためには、平成31年4月1日から令和6年3月31日までの間に経営承継円滑化法に基づく「個人事業承継計画」を所轄の税務署に提出する必要がある。

ウ　対象となる事業用資産に係る贈与税・相続税を100%猶予することができる制度であり、一定の場合には納税の減免や免除などの措置が設けられている。

エ　個人版事業承継税制と相続時精算課税制度との併用は可能であるが、個人版事業承継税制と小規模宅地特例（事業用）とは選択適用となる。

☞ 解答・解説

●穴埋め問題編

解　答

①経営承継円滑化　②都道府県知事　③認定　④相続　⑤支援センター
⑥人材バンク　⑦（独）中小企業基盤整備機構

解 説

（1）事業承継円滑化のための総合的支援策の基礎となる「中小企業における経営の承継の円滑化に関する法律（経営承継円滑化法）」が平成20年5月に成立、同年10月1日から施行された。中小企業における経営の承継の円滑化に関する法律における経済産業大臣（現在は都道府県知事）の認定を受けた非上場中小企業の株式等に係る相続税・贈与税の納税猶予制度が創設された。

また、平成30年度税制改正では相続税・贈与税の納税猶予制度に10年間限定の特例措置が設けられ、令和元年度税制改正では個人の事業用資産を対象とした10年間限定の特例措置（個人版事業承継税制）が設けられた。

（2）後継者不在等の問題を抱える中小企業の事業引継ぎや事業承継の促進・円滑化を図るため、各都道府県に設置している「事業承継・引継ぎ支援センター」において、課題解決に向けた適切な助言、情報提供、マッチング支援等をワンストップで行っている。平成26年4月からは（独）中小企業基盤整備機構に全国本部を設置し、事業引継ぎに関するデータベースを構築して広域的なマッチングの促進を行っている。

●択一問題編

解　答

イ

解 説

個人版事業承継税制は、平成31年4月1日から令和6年3月31日までの間に経営承継円滑化法に基づく「個人事業承継計画」を都道府県知事に提出したうえで、平成31年1月1日から令和10年12月31日までの10年間に行われた一定の事業用資産の贈与・相続が対象となる。

ア　適切である。平成31年1月1日から令和10年12月31日までの贈与・相続が対象である。

イ　不適切である。「個人事業承継計画」は都道府県知事に提出する。

ウ　適切である。対象となる事業用資産に係る贈与税・相続税を100%猶予することができる制度である。また、承継後の経営悪化によって廃業等をした場合は納税が減免されるほか、承継をした個人事業者が一定の身体障害等に該当した場合の免除などが講じられる。

エ　適切である。個人版事業承継税制と小規模宅地特例（事業用）とは選択適用となる。

第12問　中小企業関連税制①

●穴埋め問題編

空欄①～⑧に適切な語句または数値を記入せよ。

（1）法人税の軽減税率

資本金1億円以下の中小企業（年所得［　①　］万円以下の部分）、協同組合等には19%に軽減された法人税率が適用されるが、令和7年3月31日までの時限的な措置として、［　②　］%に引き下げられている。

（2）交際費の損金算入の特例制度

交際費については、法人税では一般に損金算入が認められていないが、資本金1億円以下の中小企業等に対しては、800万円までの［　③　］の損金算入、または支出した飲食費の50%の損金算入の選択適用が認められている。

（3）少額減価償却資産の取得価額の損金算入の特例制度

青色申告書を提出する個人事業者または資本金1億円以下の中小企業者等が、取得価額［　④　］万円未満の減価償却資産を取得した場合には、取得価額の全額を損金算入できる。ただし、特例の対象となる損金算入額の上限は年間［　⑤　］万円までとなる。

（4）欠損金の繰越控除・繰戻還付

青色申告書を提出する中小企業は、事業年度に欠損金が生じた場合、翌年度以後［　⑥　］年間（平成30年4月1日以後開始事業年度は［　⑦　］年間）は、所得金額からその欠損金を損金に算入する形で順次繰り越して控除することができる。また、青色申告書を提出する資本金1億円以下の中小企業は、事業年度に欠損金が生じた場合、当事業年度の欠損金額を前事業年度の所得金額で除した値に、前事業年度の［　⑧　］額を乗じて得た金額の還付を受けることができる。

●択一問題編

中小企業の経営資源の集約化に資する税制（経営資源集約化税制）に関する記述として、最も不適切なものはどれか。

ア　一定の事項が記載された経営力向上計画の認定を受けたものが、株式取得によって、計画に基づいてM&Aを実施する場合に活用することができる。

イ　設備投資額の10%（資本金3,000万円超の中小企業者等は7%）の税額控除、または、全額即時償却をすることができる。

ウ　給与等支給総額を対前年比で2.5%以上引き上げた場合、給与等総額の増加額の25%を税額控除することができる。

エ　M&A実施後に投資額の70%以下の金額を準備金として積立て、その事業年度の損金に算入することができる。

☞ 解答・解説

●穴埋め問題編

解　答

①800　②15　③全額　④30　⑤300　⑥9　⑦10　⑧法人税

解 説

中小企業等の方は、設備投資を行った場合や円滑な事業承継のため等、税制上様々な特別措置を受けることができる。

個人事業者については、所得税において基礎控除、配偶者控除、配偶者特別控除、扶養控除、青色申告特別控除、小規模企業共済掛金控除等の所得控除のほか、事業専従者給与（控除）制度により税負担の軽減が行われている。地方税においても、住民税及び事業税の専従者給与（控除）、事業税の事業主控除等個人事業者を対象とした特別の制度が採り入れられている。

中小規模の法人事業者については、法人税において軽減税率等の措置があり、地方税においても法人事業税の軽減税率の適用、法人住民税の均等割軽減等の措置がある。

●択一問題編

解　答

ウ

解 説

経営資源の集約化（M&A）によって生産性向上等を目指す、経営力向上計画の認定を受けた中小企業が、計画に基づいてM&Aを実施した場合に、設備投資減税、準備金の積立による損金算入の両措置を活用することができる。

ア　適切である。経営力向上計画の認定を受けた中小企業が、計画に基づいてM&Aを実施した場合に活用できる。

イ　適切である。設備投資減税に関する記述である。経営力向上計画に基づき、一定の設備を取得等した場合、投資額の10％を税額控除（資本金3,000万円超の中小企業者等の税額控除率は７％）、または、全額即時償却をすることができる。

ウ　不適切である。給与支給総額を引き上げた場合の税額控除は、経営資源集約化税制の減税措置から外れている。

エ　適切である。準備金の積立による損金算入に関する記述である。事業承継等事前調査に関する事項を記載した経営力向上計画の認定を受けた上で、M&A実施後に発生し得るリスク（簿外債務など）に備えるため、投資額の70%以下の金額を準備金として積立て、その事業年度の損金に算入することができる。

第13問　中小企業関連税制②

●穴埋め問題編

空欄①～⑨に適切な語句または数値を記入せよ。

エンジェル税制は、一定の要件を満たすベンチャー企業に対して個人投資家が、［　①　］時点と当該株式を［　②　］時点において、所得税の減税を受けることができる制度である。

(1) 対象

対象となるベンチャー企業は、創業［　③　］年未満の中小企業者であること、［　④　］要件を満たすこと、外部（特定の株主グループ以外）からの［　⑤　］を一定以上取り入れている会社であること、大規模法人（資本金［　⑥　］円超等）及び当該大規模法人と特殊の関係（子会社等）である法人の所有に属さないこと等が要件である。

対象となる個人投資家は、金銭の払込により対象となる企業の株式を取得していること、投資先ベンチャー企業が同族会社である場合には、持株割合等が大きいものから第３位までの株主グループの持株割合等を順に加算し、その割合がはじめて［　⑦　］超になる時における株主グループに属していないこと等が要件である。

(2) 投資した年に受けられる措置の内容（以下のＡとＢの優遇措置のいずれかを選択できる）

優遇措置Ａ　［　⑧　］を、その年の総所得金額から控除

優遇措置Ｂ　ベンチャー企業への投資額全額を、その年の他の株式譲渡益から控除

(3) 手続の流れ

ベンチャー企業が各地域の［　⑨　］に申請を行う。［　⑨　］より確認書の発行を受けたベンチャー企業は、個人投資家に確定申告で必要な書類を交付する。個人投資家は確定申告書に加えてベンチャー企業より交付された書類を添付し、確定申告を行う。

●択一問題編

青色申告書を提出する個人事業者または資本金１億円以下の中小企業等が、税制の特別措置を受けられる中小企業投資促進税制に関する記述として、最も不適切なものはどれか。

ア　取得価額170万円の機械は、特別償却が認められる。

イ　取得価額130万円の検査工具は、特別償却が認められる。

ウ　取得価額150万円の電子計算機は、特別償却が認められる。

エ　取得価額100万円の一定のソフトウェアは、特別償却が認められる。

☞ 解答・解説

● 穴埋め問題編

解 答

①投資を行った ②譲渡等した ③10 ④新規性 ⑤投資 ⑥１億 ⑦50%
⑧ベンチャー企業への投資額－2,000円 ⑨都道府県

解 説

一定の要件を満たすベンチャー企業に対して、個人投資家が投資を行った時点と、当該株式を譲渡等した時点において所得税の減税を受けることができる。また、民法組合・投資事業有限責任組合を通じ個人が株式を取得した場合や株式投資型クラウドファンディング業者の電子募集取扱業務により個人が株式を取得した場合についても本税制の対象となる。投資した年に受けられる措置は、優遇措置Ａ（ベンチャー企業への投資額－2,000円を、その年の総所得金額から控除）と優遇措置Ｂ（ベンチャー企業への投資額全額を、その年の他の株式譲渡益から控除）のいずれかを選択することができる。そのうち、令和２年４月１日以降の出資について優遇措置Ａは、創業（設立）５年未満のベンチャー企業が対象である。

株式を譲渡した年に受けられる措置は、売却により生じた損失を、その年の他の株式譲渡益と通算（相殺）することができる。その年に通算（相殺）しきれなかった損失については、翌年以降３年にわたって、順次、株式譲渡益と通算（相殺）することができる。

なお平成28年４月１日より、エンジェル税制の申請・相談窓口は、経済産業局から都道府県に変更されている。

● 択一問題編

解 答

ウ

解 説

一定の要件を満たす中小企業者等が新規資産を取得し、指定事業の用に供した場合には特別償却又は税額控除を行うことができる。

対象設備は、①機械・装置（１設備160万円以上） ②測定工具及び検査工具（１台120万円以上又は１台30万円以上かつ複数台合計120万円以上） ③一定のソフトウェア（単品70万円以上又は複数合計70万円以上） ④普通貨物自動車（車両総重量3.5トン以上）等である。なお、平成29年度税制改正において、器具及び備品（一定の電子計算機、デジタル複合機、試験又は測定機器）は対象外になっている。

よって、電子計算機は、中小企業投資促進税制の対象外のため、正解はウとなる。

第14問　雇用調整助成金

●穴埋め問題編

空欄①～⑨に適切な語句または数値を記入せよ。

雇用調整助成金は、景気の変動、産業構造の変化その他の経済上の理由により、事業活動の縮小を余儀なくされた事業主が、［　①　］的な雇用調整（休業、教育訓練または出向）を実施することによって、従業員の雇用を維持した場合に助成される制度である。

（1）主な受給要件

受給するためには、次の要件をいずれも満たすことが必要である。

a．［　②　］保険の適用事業主であること。

b．売上高又は生産量などの事業活動を示す指標について、その最近3か月間の月平均値が前年同期に比べて［　③　］％以上減少していること。

c．雇用保険被保険者数及び受け入れている派遣労働者数による雇用量を示す指標について、一定の基準を満たすものであること。

d．実施する雇用調整が一定の基準を満たすものであること。

e．過去に雇用調整助成金等の支給を受けたことがある事業主が新たに対象期間を設定する場合、直前の対象期間の満了の日の翌日から起算して［　④　］年を超えていること。

（2）受給額

中小企業が休業を実施した場合の休業手当負担額または教育訓練を実施した場合の賃金負担額の相当額に［　⑤　］の助成率を乗じた額である。ただし教育訓練を行った場合は、これに1人1日あたり［　⑥　］円が加算される。受給額は、1人1日あたり［　⑦　］の最高額を限度とし、支給限度日数は1年間で［　⑧　］日、3年間で［　⑨　］日である。

●択一問題編

一時的な休業、教育訓練を行う場合の雇用調整助成金に関する記述として、最も不適切なものはどれか。

ア　教育訓練を行う場合、訓練費として1人1日当たり一定額の加算がある。
イ　受給額は、1人1日当たり雇用保険基本手当日額の最高額を限度とする。
ウ　中小企業の場合、助成率は休業手当または賃金相当額の3分の1である。
エ　年間の支給限度日数が定められている。

解答・解説

●穴埋め問題編

解　答

①一時　②雇用　③10　④1　⑤2/3　⑥1,200　⑦雇用保険基本手当日額
⑧100　⑨150

解 説

景気の変動等経済上の理由により事業活動の縮小を余儀なくされた場合において、休業、教育訓練または出向を行うことにより労働者の雇用の維持を図る事業主は、一定の要件を満たす場合には、休業手当、賃金等に相当する額の一部について助成を受けることができる。

受給額は中小企業が休業を実施した場合の休業手当負担額または教育訓練を実施した場合の賃金負担額の相当額に2/3の助成率を乗じた額である。ただし教育訓練を行った場合は、一定金額が加算される。受給額は、1人1日あたり雇用保険基本手当日額の最高額を限度とし、支給限度日数は1年間で100日、3年間で150日である。

●択一問題編

解　答

ウ

解 説

ア　適切である。1人1日あたり1,200円が加算される。
イ　適切である。
ウ　不適切である。助成率は休業手当または賃金相当額の3分の2である。
エ　適切である。支給限度日数は1年間で100日、3年間で150日である。

第15問　知的財産支援

●穴埋め問題編

空欄①～⑧に適切な語句または数値を記入せよ。

(1) 知財総合支援窓口

知財総合支援窓口に配置された支援担当者が［①］に関する課題等をその場で受け付け、アイデア段階から事業展開、海外展開までの様々な課題等に対して、関係する支援機関と連携して、効率的、網羅的に［②］で解決を図る。

中小企業等の利用可能な知財支援策の紹介や、特許等の［③］に関する説明を行う。専門性の高い課題等に対しては、［④］や［⑤］等の専門家を活用し、窓口の支援担当者と協働して解決を図る。

(2) 中小企業等を対象とした特許料等の減免措置

中小企業、個人及び大学等を対象に、「審査請求料」、「特許料（1～10年分)」、「［⑥］に係る手数料（送付手数料・調査手数料・予備審査手数料)」の減免措置が設けられている。

（ア）中小企業（会社・個人事業主・組合・NPO法人）
- 審査請求料：［⑦］に軽減
- 特許料（第1年分から第10年分）：［⑦］に軽減
- ［⑥］に係る手数料（送付手数料・調査手数料・予備審査手数料)：［⑦］に軽減

（イ）中小ベンチャー企業（法人・個人事業主)、小規模企業（法人・個人事業主）
- 審査請求料：［⑧］に軽減
- 特許料（第1年分から第10年分）：［⑧］に軽減
- ［⑥］に係る手数料（送付手数料・調査手数料・予備審査手数料)：［⑧］に軽減

●択一問題編

「模倣品対策支援事業」に関する記述として、最も適切なものはどれか。

ア　対象者は国内外で産業財産権の侵害を受けている中小企業である。
イ　海外の産業財産権に詳しい専門家を6ヶ月間派遣する制度である。
ウ　申請先は（独）日本貿易振興機構（ジェトロ）の知的財産課である。
エ　補助金の補助率は2/3以内、上限額は300万円以内である。

解答・解説

●穴埋め問題編

解答

①知的財産　②ワンストップ　③出願手続　④弁理士　⑤弁護士
（④、⑤は順不同）　⑥国際出願　⑦1/2　⑧1/3

解説

（1）知財総合支援窓口に配置された支援担当者が知的財産に関する課題等をその場で受け付け、アイデア段階から事業展開、海外展開までの様々な課題等に対して、関係する支援機関と連携して、効率的、網羅的にワンストップで解決を図る。

中小企業等の利用可能な知財支援策の紹介や、特許等の出願手続（電子出願用端末機器を利用した電子出願を含む）に関する説明を行う。専門性の高い課題等に対しては、弁理士や弁護士等の専門家を活用し、窓口の支援担当者と共同して解決を図る。

（2）「審査請求料」、「特許料（1～10年分）」、「国際出願に係る手数料（送付手数料・調査手数料・予備審査手数料）」について、中小企業（会社・個人事業主・組合・NPO法人）においてはそれぞれ1/2、中小ベンチャー企業、小規模企業においてはそれぞれ1/3に軽減する措置が設けられている。

●択一問題編

解答

ウ

解説

ア　不適切である。対象者は海外で産業財産権の侵害を受けている中小企業である。

イ　不適切である。侵害調査及び調査結果に基づく模倣品業者への警告文作成、行政摘発までを実施し、その費用の一部を助成する事業である。

ウ　適切である。申請先は（独）日本貿易振興機構（ジェトロ）の知的財産課である。

エ　不適切である。補助金の補助率は2/3以内であるが、上限額は400万円以内である。

頻出基本編

第16問 中小企業基盤整備機構

●穴埋め問題編

空欄①～⑦に適切な語句または数値を記入せよ。

(1) 中小企業基盤整備機構

独立行政法人中小企業基盤整備機構は、新たな販路の開拓、海外の事業展開、人材の育成など中小企業が抱える課題や要望について、助言、研修、資金の貸付け、出資、助成及び債務の保証、地域における施設の整備、共済制度の運営など［①］の総合的な実施機関としての役割を担っている。

(2) 具体的な支援内容

a. 創業・ベンチャー支援
　創業に関する情報提供（［②］）、［③］マッチング　など
b. 経営支援　　経営相談、国際化支援事業、ものづくり支援事業　など
c. 地域支援　　［④］化事業、中心市街地商業活性化診断・サポート事業　など
d. 人材支援
　全国［⑤］カ所に設置されている中小企業大学校による人材育成　など
e. ファンド出資
f. 共済制度　　［⑥］共済、［⑦］共済
g. 産業用地・施設　　産業用地の提供やインキュベーション施設の貸与　など

●択一問題編

独立行政法人中小企業基盤整備機構が行っている事業に関する記述として、最も適切なものはどれか。

ア　創業を希望する個人や税務申告を２期終えていない事業主が、事業計画等の審査を通じ、無担保、無保証人で融資を受けることができる。

イ　事業主が中小企業基盤整備機構と退職金共済契約を結び、掛金を払うだけで、簡単に退職金制度を設けることができる。

ウ　小規模事業者は、経営改善のための資金を無担保・無保証人・低利で融資を受けることができる。

エ　中心市街地活性化協議会（または協議会を組織しようとする機関）に対し、セミナーの企画・立案支援や講師派遣、プロジェクトチームによる継続支援等を行う。

☞ 解答・解説

●穴埋め問題編

解　答

①中小企業政策　②J-Net21　③ビジネス　④高度　⑤9　⑥小規模企業
⑦中小企業倒産防止（経営セーフティ）（⑥、⑦は順不同）

解説

独立行政法人中小企業基盤整備機構の目的は、中小企業基盤整備機構法により次のとおり定められている。

独立行政法人中小企業基盤整備機構は、中小企業者その他の事業者の事業活動に必要な助言、研修、資金の貸付け、出資、助成及び債務の保証、地域における施設の整備、共済制度の運営等の事業を行い、もって中小企業者その他の事業者の事業活動の活性化のための基盤を整備することを目的とする。

具体的な取り組みとして、①創業・ベンチャー支援、②経営支援、③地域支援、④人材支援、⑤ファンド出資、⑥共済制度の運営、⑦産業用地・施設の提供・貸与など中小企業政策を総合的に行っている。

●択一問題編

解　答

エ

解説

ア　不適切である。新創業融資制度の説明である。新創業融資制度は、日本政策金融公庫が融資する制度である。

イ　不適切である。中小企業退職金共済制度は、事業主が勤労者退職金共済機構と退職金共済契約を結ぶものである。

ウ　不適切である。小規模事業者経営改善資金融資制度（マル経融資）の説明である。マル経融資は、商工会・商工会議所の経営指導員の指導を受けた後、商工会・商工会議所で申し込み、日本政策金融公庫が融資する制度である。

エ　適切である。中心市街地商業活性化診断・サポート事業の説明である。

第17問 相談・支援窓口

●穴埋め問題編

空欄①～⑥に適切な語句または数値を記入せよ。

（1）中小企業基盤整備機構（中小機構）

中小機構では、全国［　①　］カ所に地方本部を設置し、中小企業の［　②　］に知見を有する民間人材である［　③　］が中小企業等の経営課題、発展段階に応じ、資金面、技術面の支援、経営・財務・法務など高度なコンサルティング等を行っている。

（2）都道府県等中小企業支援センター

都道府県等中小企業支援センターは、［　④　］に基づき指定された法人であり、都道府県等（都道府県及び政令で指定する市）が行う中小企業支援事業の実施体制の中心として、各都道府県等（［　⑤　］か所）に設置されている。

当該センターには，中小企業の経営や技術などの専門分野において豊富な経験と知識を有している［　⑥　］を配置し、中小企業者の経営資源の円滑な確保を支援するための事業を実施している。

●択一問題編

中小企業・小規模事業者の起業・成長・安定の各段階の経営課題や支援ニーズにワンストップで対応するため、「よろず支援拠点」が整備されている。よろず支援拠点に関する記述として、最も不適切なものはどれか。

ア　各都道府県と各政令指定都市に整備されている。

イ　商工会議所・商工会、認定支援機関等の支援機関では十分に解決できない経営相談に対して、総合的・先進的アドバイスを行う。

ウ　中小企業・小規模事業者の課題に応じた適切な支援チームの編成を支援する。

エ　相談内容に応じて、支援機関・専門家を紹介するなど、適切な支援が可能な者につなぐことがある。

☞ 解答・解説

● 穴埋め問題編

解　答

①9　②経営全般　③プロジェクトマネージャー　④中小企業支援法
⑤60　⑥民間人材

解 説

企業経営における課題について具体的な相談を希望する企業者に対して、相談・支援窓口が設置されている。

（1）中小企業基盤整備機構（中小機構）

中小機構では、全国9カ所に地方本部を設置し、中小企業の経営全般に知見を有する民間人材であるプロジェクトマネージャーが中小企業等の経営課題、発展段階に応じ、資金面、技術面の支援、経営・財務・法務など高度なコンサルティング等を行っている。

（2）都道府県等中小企業支援センター

都道府県等中小企業支援センターは、中小企業支援法に基づき指定された法人であり、都道府県等（都道府県及び政令で指定する市）が行う中小企業支援事業の実施体制の中心として、各都道府県等（60か所）に設置されている。

当該センターには、中小企業の経営や技術などの専門分野において豊富な経験と知識を有している民間人材を配置し、中小企業者の経営資源の円滑な確保を支援するための事業を実施している。

● 択一問題編

解　答

ア

解 説

ア　不適切である。各都道府県に整備されている。

イ　適切である。他の支援機関では十分に解決できない経営相談に応じる。

ウ　適切である。支援チーム編成のため、複数の支援機関、公的機関、起業ＯＢ等の「支援専門家」や、大学、大企業等の事業連携の相手先と調整を実施する。

エ　適切である。相談内容に応じて、支援機関・専門家を紹介する等、適切な支援者につなぐ。

3

重要図表編

第1問　中小企業基本法の体系

【中小企業基本法の体系】

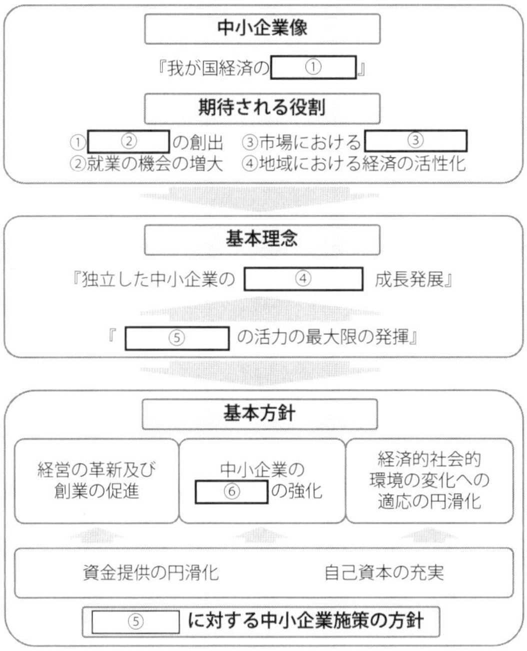

（設問）

図表の①～⑥に当てはまる最も適切な語句を、下記の語群から選択せよ。

【語群】

小規模企業　　新たな産業　　競争の促進　　多様で活力ある

活力の源泉　　経営基盤

解説

中小企業基本法の体系を示した図である。中小企業基本法は、中小企業政策について、基本理念・基本方針等を定めるとともに国及び地方公共団体の責務等を規定することにより、中小企業に関する施策を総合的に推進し、国民経済の健全な発展及び国民生活の向上を図ることを目的としている。

また、平成25年９月に施行された小規模企業活性化法において、中小企業基本法の一部が改正され、小規模企業の事業活動の活性化を図る観点から、「基本理念」と「施策の方針」を明確化するとともに、海外展開の推進等、中小企業施策として今日的に重要な事項を新たに規定した。

解答 ①活力の源泉　②新たな産業　③競争の促進
④多様で活力ある　⑤小規模企業　⑥経営基盤

第2問 中小企業者・小規模企業者・小企業者の定義

業種	中小企業基本法の定義			小規模企業振興基本法の定義	
	中小企業者		うち、 小規模企業者	小規模企業者	小企業者
	資本金又は 常時使用する従業員		常時使用する 従業員	常時使用する 従業員	常時使用する 従業員
①製造業、建設業、運輸業、その他の業種（②～④を除く）	3億円以下	300人以下	[③]人以下	[③]人以下	5人以下
②卸売業	[①]円以下	[②]人以下	5人以下	5人以下	[④]人以下
③サービス業	5千万円以下	[②]人以下	5人以下	5人以下	[④]人以下
④小売業	5千万円以下	50人以下	5人以下	5人以下	[④]人以下
上記①製造業及び③サービス業のうち、右記の業種については、中小企業関連立法における政令に基づき、右記のとおり定めている。 （政令特例業種）	【中小企業者】 ①製造業のうち、 ・ゴム製品製造業：資本金3億円以下又は常時使用する従業員900人以下 ③サービス業のうち、 ・ソフトウェア業・情報処理サービス業：資本金3億円以下又は常時使用する従業員300人以下 ・旅館業：資本金5千万円以下又は常時使用する従業員200人以下 【小規模企業者】 ③サービス業のうち、 ・宿泊業及び娯楽業：常時使用する従業員20人以下				

（設問）

図表の①～④に当てはまる最も適切な数値を、下記の語群から選択せよ。

【語群】

5　　10　　20　　100　　300　　1億　　3億

解説

中小企業基本法と小規模企業振興基本法における各企業者の定義を示した図表である。

中小企業者については、中小企業基本法第2条第1項に規定されている。小規模企業者については、中小企業基本法第2条第5項及び小規模企業振興基本法第2条第1項に規定されている。また、小規模企業振興基本法では、おおむね常時使用する従業員の数が5人以下の事業者を小企業者として規定している。

解答 ①1億　②100　③20　④5

第3問　中小企業憲章の体系

【中小企業憲章の体系】

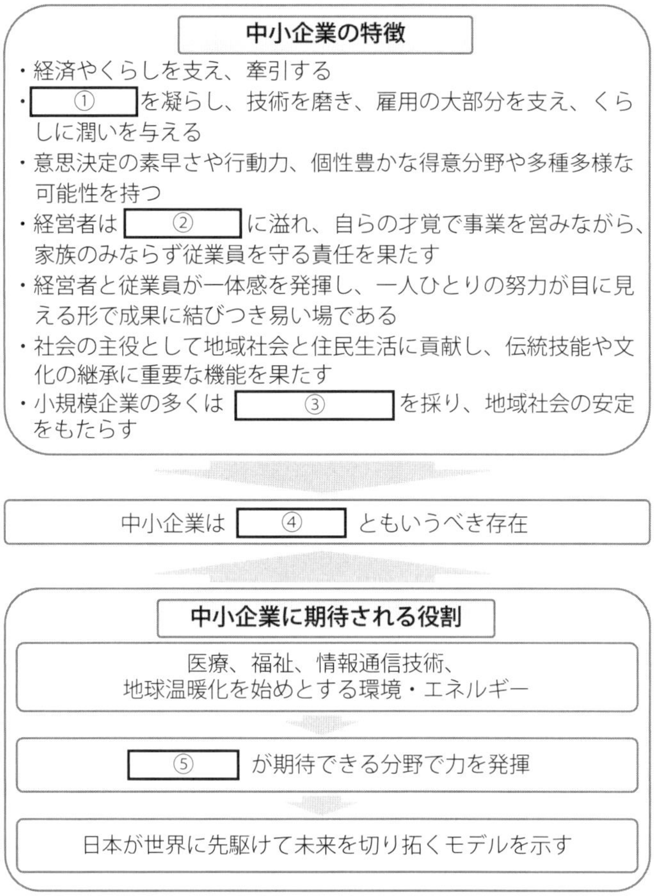

中小企業の特徴
・経済やくらしを支え、牽引する
・ ① を凝らし、技術を磨き、雇用の大部分を支え、くらしに潤いを与える
・意思決定の素早さや行動力、個性豊かな得意分野や多種多様な可能性を持つ
・経営者は ② に溢れ、自らの才覚で事業を営みながら、家族のみならず従業員を守る責任を果たす
・経営者と従業員が一体感を発揮し、一人ひとりの努力が目に見える形で成果に結びつき易い場である
・社会の主役として地域社会と住民生活に貢献し、伝統技能や文化の継承に重要な機能を果たす
・小規模企業の多くは ③ を採り、地域社会の安定をもたらす
中小企業は ④ ともいうべき存在
中小企業に期待される役割
医療、福祉、情報通信技術、
地球温暖化を始めとする環境・エネルギー
⑤ が期待できる分野で力を発揮
日本が世界に先駆けて未来を切り拓くモデルを示す

(設問)

図表の①～⑤に当てはまる最も適切な語句を、下記の語群から選択せよ。

【語群】

創意工夫　家族経営形態　国家の財産　企業家精神　市場の成長

解説

中小企業憲章の体系を示した図である。中小企業憲章は、意欲ある中小企業が新たな展望を切り拓けるように、中小企業政策の基本的考え方と方針を明らかにしたものであり、平成22年６月18日に閣議決定された。

解答　①創意工夫　②企業家精神　③家族経営形態　④国家の財産　⑤市場の成長

第4問　農商工等連携促進法

【農商工等連携促進法に基づく支援策の体系図】

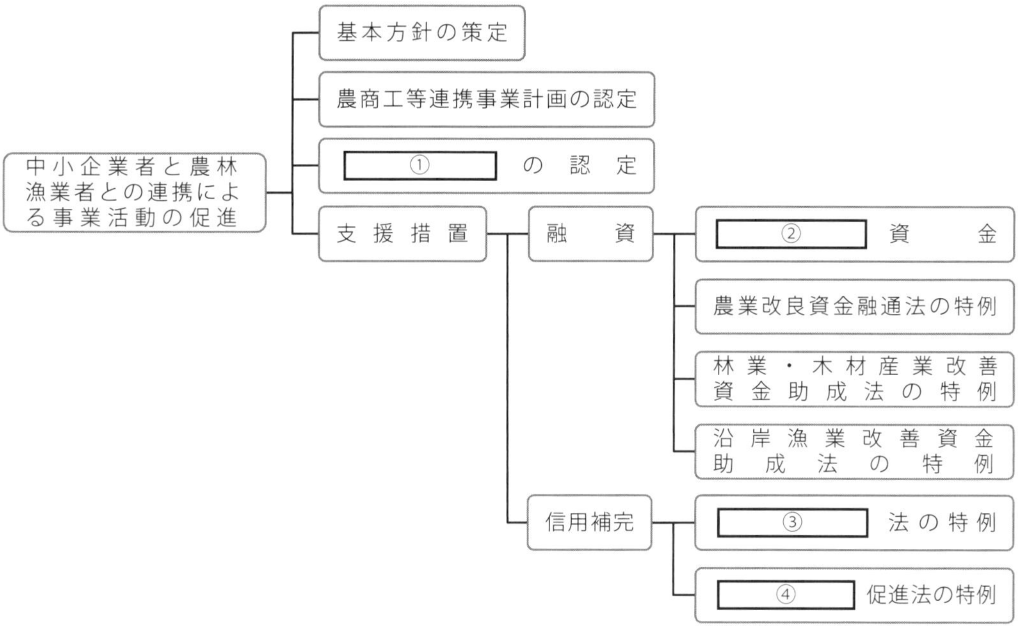

（設問）

図表の①～④に当てはまる最も適切な語句を、下記の語群から選択せよ。

【語群】

農商工等連携支援事業計画　　新事業活動促進　　食品流通構造改善
中小企業信用保険

解説

農商工等連携促進法に基づく支援策の体系を示した図である。農商工等連携促進法は、地域経済の中核をなす中小企業の経営の向上及び農林漁業経営の改善を図るために、中小企業者と農林漁業者が有機的に連携し、それぞれの経営資源を有効に活用して行う事業活動を総合的に支援している。

解答　①農商工等連携支援事業計画　②新事業活動促進
③中小企業信用保険　④食品流通構造改善

第5問　創業・ベンチャー支援

【創業・ベンチャー支援対策の体系図】

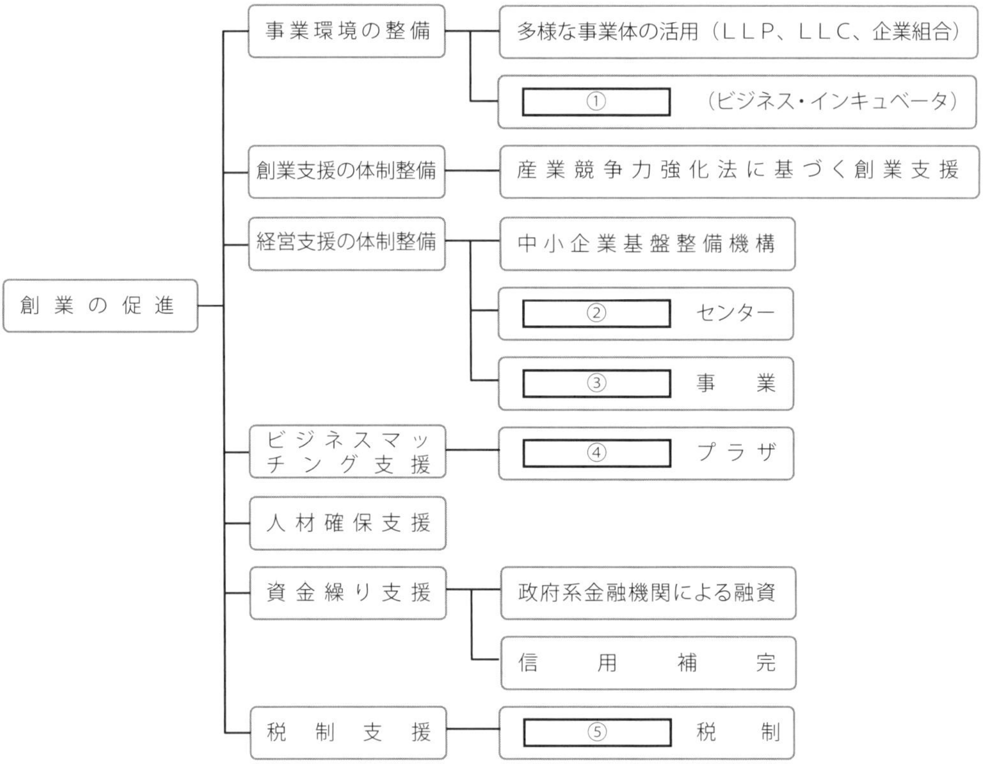

（設問）

図表の①～⑤に当てはまる最も適切な語句を、下記の語群から選択せよ。

【語群】

都道府県等中小企業支援　　ベンチャー　　エンジェル

新事業支援施設　　経営改善普及

解説

創業・ベンチャー支援対策の体系を示した図である。創業、起業をしようとする者や創業まもない事業者などに対し、創業、起業に必要な知識・情報の習得支援から、販路開拓支援、融資、債務保証、助成などの資金支援など、様々な支援を展開している。

解答 ①新事業支援施設　②都道府県等中小企業支援
③経営改善普及　④ベンチャー　⑤エンジェル

第6問　中小企業の経営革新支援

【中小企業の経営革新支援対策の体系図】

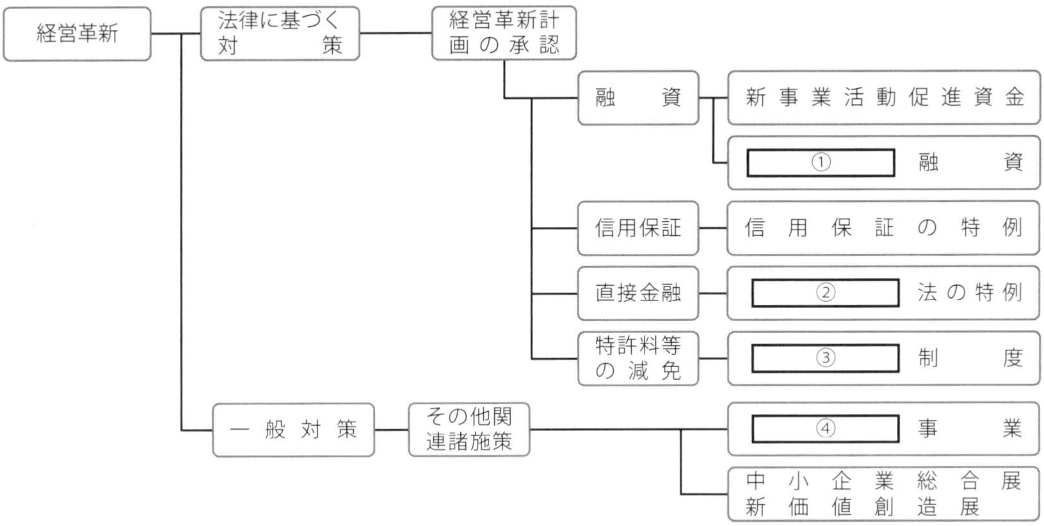

(設問)

図表の①～④に当てはまる最も適切な語句を、下記の語群から選択せよ。

【語群】

中小企業投資育成株式会社　特許料・審査請求料減免　高度化　販路開拓コーディネート

解説

中小企業の経営革新支援対策の体系を示した図である。経営革新支援では、自らの積極的な経営革新を通じて中小企業が行う、新商品の開発又は生産、新役務の開発又は提供、商品の新たな生産又は販売の方式の導入、役務の新たな提供の方式の導入、技術に関する研究開発及びその成果の利用その他の新たな事業活動等を支援するために、国又は都道府県より承認された「経営革新計画」に従って行う事業を支援する。

解答 ①高度化　②中小企業投資育成株式会社
③特許料・審査請求料減免　④販路開拓コーディネート

第7問 SBIR制度

【SBIR制度のスキーム】

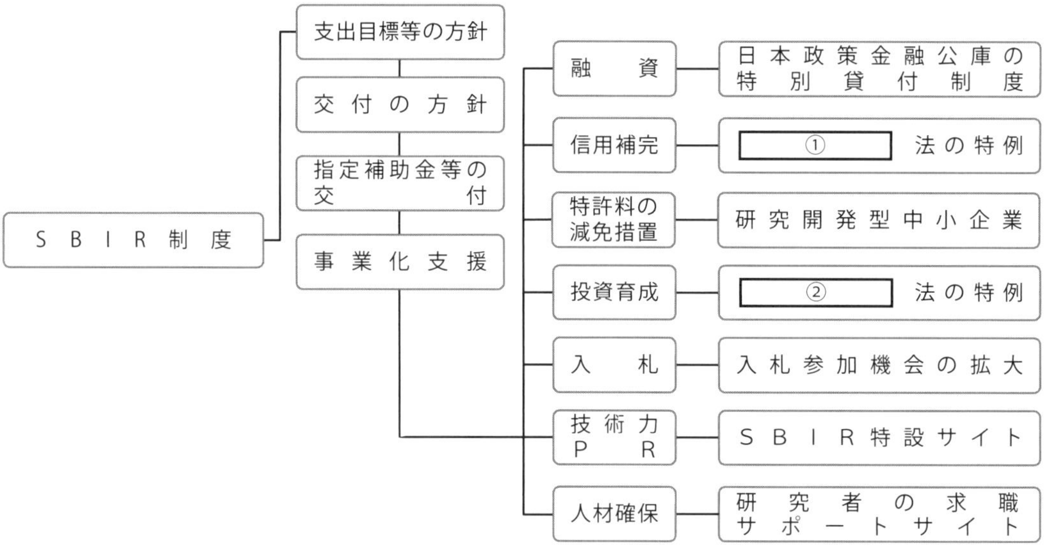

（設問）

図表の①～②に当てはまる最も適切な語句を、下記の語群から選択せよ。

【語群】

中小企業信用保険　　中小企業投資育成株式会社

解説

SBIR（Small Business Innovation Research）制度の体系を示した図である。

SBIR制度は、スタートアップ等による研究開発を促進し、その成果を円滑に社会実装し、それによって我が国のイノベーション創出を促進するための制度であり、ポイントは大きく２点ある。１点目は、国の機関から研究開発型スタートアップ等への補助金や委託費の支出機会を増やす仕組みを作ること（支出目標の設定）である。２点目は、それら補助金や委託費の効果を高めるため、公募や執行に関する統一的なルールを設定するとともに、研究開発成果の社会実装に向けて随意契約制度の活用など事業活動支援等を実施し、初期段階の技術シーズから事業化までを一貫して支援することである。

従来のSBIR制度は、「中小企業等経営強化法」に基づく制度であったが、令和３年度に「科学技術・イノベーション創出の活性化に関する法律」に根拠規定を移管している。

解答 ①中小企業信用保険　②中小企業投資育成株式会社

第8問 下請取引適正化対策

【下請取引適正化対策の体系図】

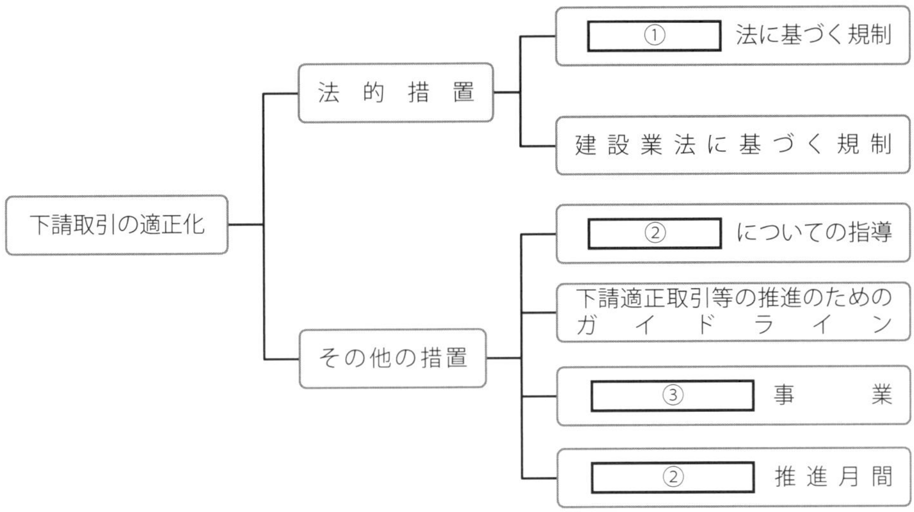

(設問)

図表の①～③に当てはまる最も適切な語句を、下記の語群から選択せよ。

【語群】

下請かけこみ寺　　下請取引適正化　　下請代金支払遅延等防止

解説

下請取引適正化対策の体系を示した図である。下請代金支払遅延等防止法は、下請取引の適正化・下請事業者の利益保護を図るものである。公正取引委員会及び中小企業庁は、親事業者がこの法律を遵守しているかどうか調査を行い、違反事業者に対しては、同法を遵守するよう求めている。なお、建設工事の請負は、別途、建設業法が適用される。

下請かけこみ寺では、中小企業の取引に関する様々な悩みに対して、相談員や弁護士による無料相談を実施するなど親身な相談対応を行うとともに、裁判外紛争解決手続（ＡＤＲ）を活用した迅速・簡便な紛争解決を実施している。実施主体は、下請かけこみ寺本部と各都道府県の中小企業振興機関である。なお、下請かけこみ寺の本部がある「(公財)全国中小企業振興機関協会」は、平成30年10月に「全国中小企業取引振興協会」から名称が変更された。

解答 ①下請代金支払遅延等防止　②下請取引適正化　③下請かけこみ寺

第9問　下請中小企業振興対策

【下請中小企業振興対策の体系図】

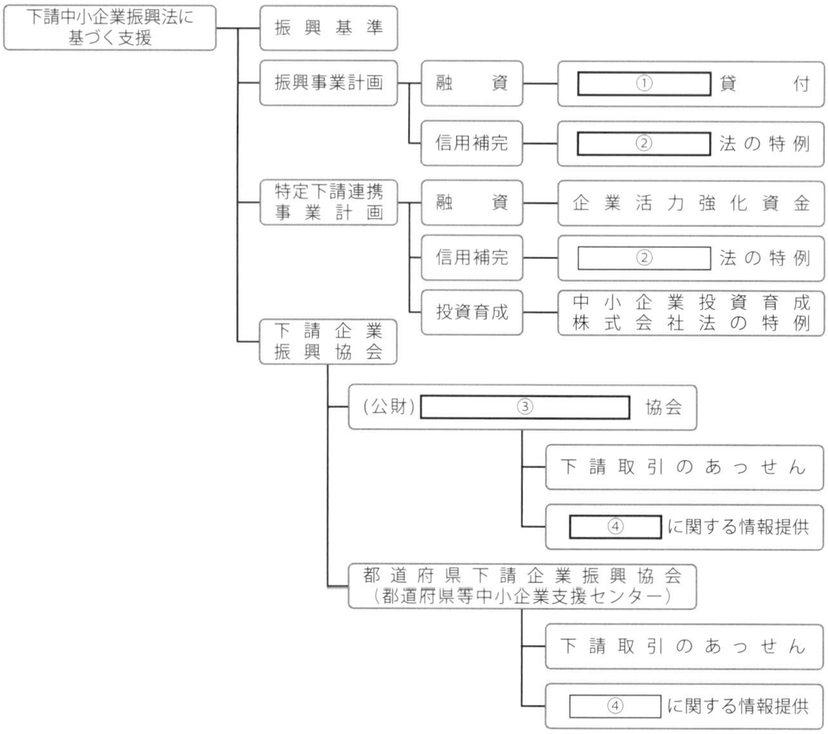

（設問）

図表の①～④に当てはまる最も適切な語句を、下記の語群から選択せよ。

【語群】

高度化資金　　下請取引　　全国中小企業振興機関　　中小企業信用保険

解説

下請中小企業振興対策の体系を示した図である。下請中小企業振興法は、下請中小企業の経営基盤の強化を効率的に促進するための措置を講ずるとともに、下請企業振興協会による下請取引のあっせん等を推進することにより、下請関係を改善して、下請関係にある中小企業者が自主的にその事業を運営し、かつ、その能力を最も有効に発揮することができるよう下請中小企業の振興を図ることを目的としている。

平成25年９月に施行された小規模企業活性化法において、下請中小企業振興法の一部が改正され、下請中小企業が連携して、自立的に取引先を開拓する計画（特定下請連携事業計画）を国が認定し、中小企業信用保険法の特例等の支援措置を講じることとなった。

解答　①高度化資金　②中小企業信用保険　③全国中小企業振興機関　④下請取引

第10問　経営安定対策

【経営安定対策の体系図】

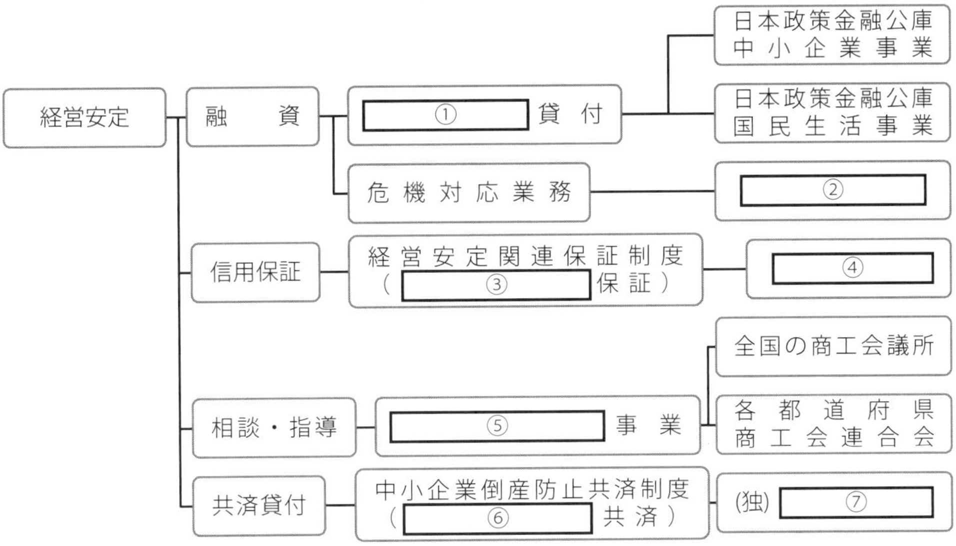

(設問)

図表の①～⑦に当てはまる最も適切な語句を、下記の語群から選択せよ。

【語群】

商工組合中央金庫　　セーフティネット　　経営セーフティ　　信用保証協会

経営安定特別相談　　中小企業基盤整備機構

解説

経営安定対策の体系を示した図である。中小企業の経営安定のための施策として、セーフティネット貸付・セーフティネット保証がある。また、全国の商工会議所等に「経営安定特別相談室」を設置して、企業経営者、弁護士、税理士などが相談、指導等を行う経営安定特別相談事業や、取引先企業の倒産による連鎖倒産などを未然に防止するための中小企業倒産防止共済制度（経営セーフティ共済）といった連鎖倒産防止対策がある。

解答 ①セーフティネット　②商工組合中央金庫　③セーフティネット　④信用保証協会　⑤経営安定特別相談　⑥経営セーフティ　⑦中小企業基盤整備機構

第11問　小規模企業支援

【小規模企業支援の体系図】

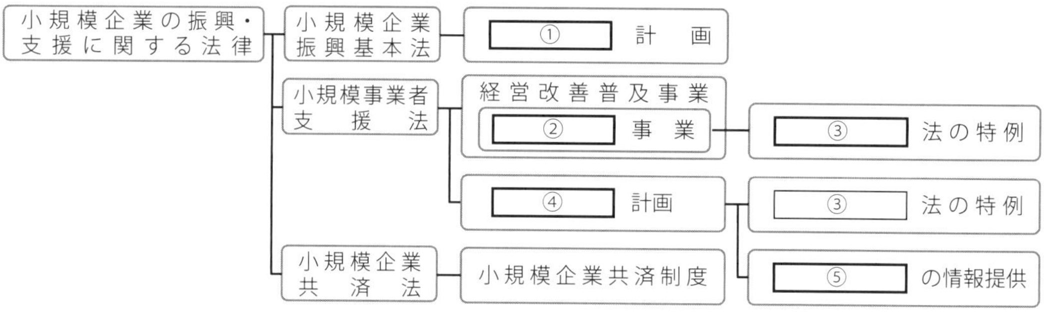

（設問）

図表の①～⑤に当てはまる最も適切な語句を、下記の語群から選択せよ。

【語群】

経営発達支援　　中小企業信用保険　　事業継続力強化支援　　小規模企業振興基本
中小企業基盤整備機構

解説

小規模企業関連法制の体系を示した図である。中小企業のうち特に小規模事業者は、経営内容が不安定であること、担保・信用力が乏しいこと等の理由から様々な面で極めて困難な立場に置かれています。こうした状況に鑑み、様々な支援策が講じられている。

解答 ①小規模企業振興基本　②経営発達支援　③中小企業信用保険
④事業継続力強化支援　⑤中小企業基盤整備機構

第12問　中小企業連携組織対策

【中小企業連携組織対策の体系図】

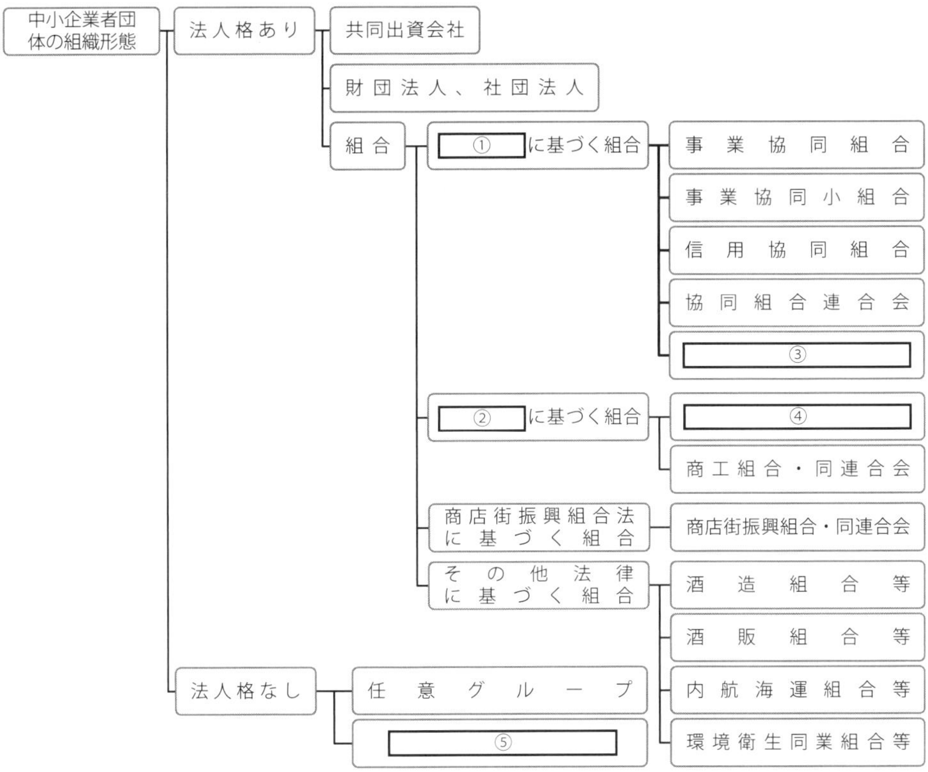

（設問）

図表の①～⑤に当てはまる最も適切な語句を、下記の語群から選択せよ。

【語群】

有限責任事業組合（LLP）　企業組合　協業組合　中小企業等協同組合法

中小企業団体の組織に関する法律

解説

中小企業連携組織対策の体系を示した図である。中小企業は一般に規模の過小性、技術力の低さ、信用力の弱さ等によって不利な立場に立たされている場合が多く、そのため、同業者などが相寄り集まって組織化することは、生産性の向上を図り、価値実現力を高め、あるいは対外交渉力の強化を図るための有効な方策の1つであるといえる。

解答　①中小企業等協同組合法　②中小企業団体の組織に関する法律　③企業組合　④協業組合　⑤有限責任事業組合（LLP）

第13問　組合制度①

	事業協同組合	企業組合	協業組合
目的	組合員への直接の奉仕、経営合理化、経済活動の機会の確保	組合員への直接の奉仕、経営合理化	事業規模の適正化による生産性向上、共同利益の増進
事業内容	組合員の事業に関する共同経済事業、資金の貸付、福利厚生、債務保証など	定款に掲げる事業（商業·工業·鉱業、サービス業その他）	協業の対象事業、関連事業、附帯事業
根拠法令	①	①	②
設立要件	③ 人以上の事業者	③ 人以上の個人	③ 人以上の事業者
組合員資格	地区内の小規模事業者	個人及び法人など	中小企業者及び定款で定めたときは1/4以内の中小企業者以外の者
責任	有限責任	有限責任	有限責任
発起人数	③ 人以上	③ 人以上	③ 人以上
組合員割合	ない	全従業員の ④ 以上が組合員	ない
議決権	1人1票	1人1票	平等
員外利用	原則として組合員の利用分量の ⑤ まで	ない	ない
組織変更	⑥ 、 ⑦ 、株式会社へ変更可能	⑥ 、株式会社へ変更可能	株式会社へ変更可能

（設問）

図表の①～⑦に当てはまる最も適切な語句または数値を、下記の語群から選択せよ。

【語群】

中小企業団体の組織に関する法律　　中小企業等協同組合法　　協業組合　　商工組合

4　　7　　1/2　　1/3　　1/10　　20/100

解説

組合制度のうち、事業協同組合、企業組合及び協業組合を比較した図表である。

事業協同組合及び企業組合は、中小企業等協同組合法に基づく組合であり、この法律では他に事業協同小組合、信用協同組合、協同組合連合会を規定している。協業組合は中小企業団体の組織に関する法律に基づく組合であり、この法律では他に商工組合、商工組合連合会を規定している。

解答 ①中小企業等協同組合法　②中小企業団体の組織に関する法律
③4　④1/3　⑤20/100　⑥協業組合　⑦商工組合

第14問　組合制度②

	商工組合	商店街振興組合
目的	資格事業の改善発達、経営合理化	組合員への直接奉仕、経営合理化、商店街地域の環境整備
事業内容	指導教育事業、共同経済事業（出資組合のみ）、その他	組合員の事業に関する商店街の環境整備事業、共同経済事業
根拠法令	①	②
設立要件	地区内で資格事業を行うものの ③ 以上が加入すること	④ 人以上が近接してその事業を営むこと
組合員資格	地区内において資格事業を営む中小企業者、定款に定めれば1／3未満の中小企業者以外の者	地区内で小売業又はサービス業を営む者、定款で定めたときはこれ以外の者
責任	有限責任	有限責任
発起人数	⑤ 人以上	⑥ 人以上
組合員割合	ない	ない
議決権	1人1票	1人1票
員外利用	原則として組合員の利用分量の ⑦ まで	組合員の利用分量の ⑦ まで
組織変更	⑧ へ変更可能（出資組合のみ）	変更不可能

（設問）

図表の①～⑧に当てはまる最も適切な語句または数値を、下記の語群から選択せよ。

【語群】

中小企業団体の組織に関する法律　　商店街振興組合法　　協業組合

事業協同組合　　4　　7　　20　　30　　1／2　　1／3　　1／10　　20/100

解説

組合制度のうち、商工組合及び商店街振興組合を比較した図表である。

商工組合は中小企業団体の組織に関する法律に基づく組合であり、この法律では他に協業組合、商工組合連合会を規定している。商店街振興組合は、商店街振興組合法に基づく組合であり、この法律では他に商店街振興組合連合会を規定している。

解答　①中小企業団体の組織に関する法律　②商店街振興組合法
③1／2　④30　⑤4　⑥7　⑦20/100　⑧事業協同組合

第15問 金融対策

【金融対策の体系図】

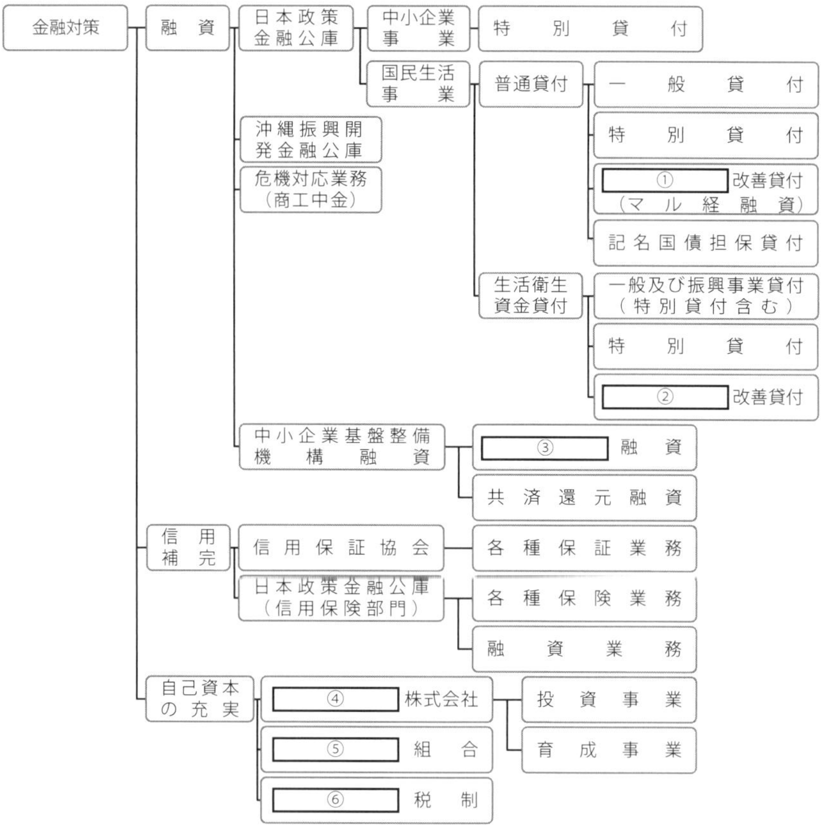

（設問）

図表の①～⑥に当てはまる最も適切な語句を、下記の語群から選択せよ。

【語群】

生活衛生　　高度化　　中小企業投資育成　　小規模事業者経営　　投資事業有限責任　　エンジェル

解説

金融対策の体系を示した図である。小規模事業者経営改善資金融資は、商工会・商工会議所・都道府県商工会連合会の経営指導員が経営指導を行うことによって、日本政策金融公庫が無担保・無保証人で融資を行い、もって小規模事業者の経営改善を図るべく、昭和48年に制定されたものである。

解答 ①小規模事業者経営　②生活衛生　③高度化　④中小企業投資育成　⑤投資事業有限責任　⑥エンジェル

第16問　信用保証制度

【信用保証制度】

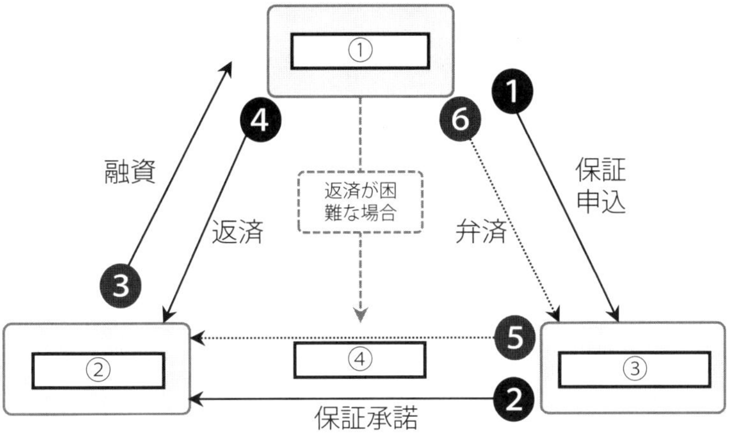

（設問）

図表の①～④に当てはまる最も適切な語句を、下記の語群から選択せよ。

【語群】

代位弁済　　中小企業者　　金融機関　　信用保証協会

解説

信用保証協会の信用保証制度の仕組みを示した図である。信用保証協会は、「信用保証協会法」に基づき、中小企業者の金融円滑化のために設立された公的機関であり、各都道府県を単位として47法人、市を単位として４法人、全国で合わせて51の法人が設けられている。

事業を営んでいる中小企業者が、金融機関から事業資金を調達するときに、信用保証協会の「信用保証制度」を利用することで、資金の調達がスムーズになる。信用保証制度は、信用保証協会が債務保証をする制度である。

解答 ①中小企業者　②金融機関　③信用保証協会　④代位弁済

第17問　中小商業振興対策

【中小商業振興対策の体系図】

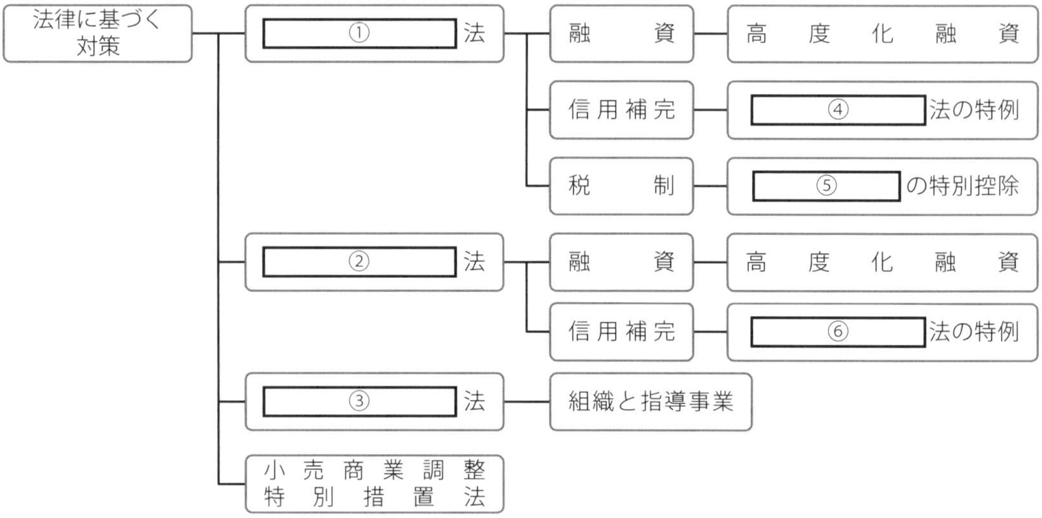

（設問）

図表の①～⑥に当てはまる最も適切な語句を、下記の語群から選択せよ。

【語群】

中小企業信用保険　　中小小売商業振興　　商店街振興組合　　譲渡所得

地域商店街活性化

解説

中小商業振興対策の体系を示した図である。全国の中小商業者・商店街振興組合等が行う様々な事業について、補助金や融資等による支援を受けることができる。

解答 ①地域商店街活性化　②中小小売商業振興　③商店街振興組合

④中小企業信用保険　⑤譲渡所得　⑥中小企業信用保険

第18問　中心市街地活性化対策

【中心市街地活性化対策の体系図】

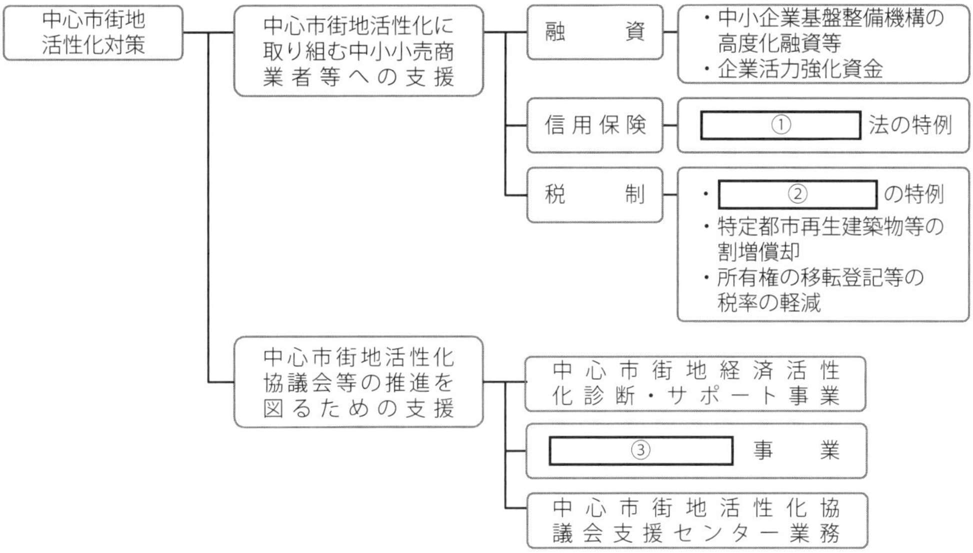

(設問)

図表の①～③に当てはまる最も適切な語句を、下記の語群から選択せよ。

【語群】

中小企業アドバイザー（中心市街地活性化）派遣　　土地等譲渡所得

中小企業信用保険　　中小企業支援人材育成

解説

中心市街地活性化対策の体系を示した図である。中心市街地の活性化に関する法律に基づき、商業者が様々な関係者と一体となって行う「経済活力の向上」に資する事業について、重点的な支援を行う。

解答 ①中小企業信用保険　②土地等譲渡所得
③中小企業アドバイザー（中心市街地活性化）派遣

第19問　中心市街地活性化法

【中心市街地活性化法】

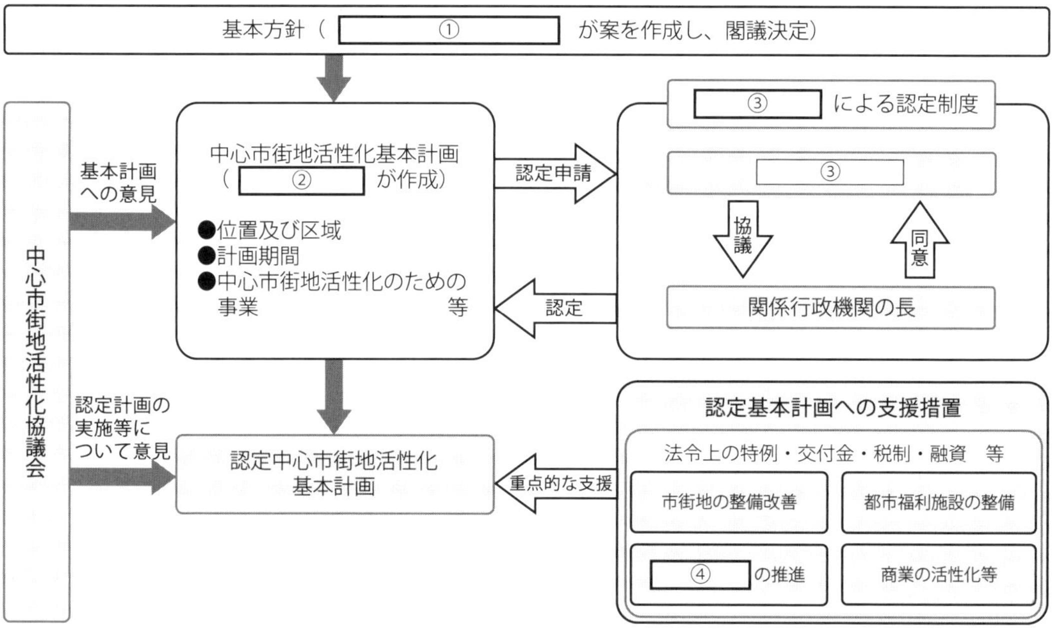

（設問）

図表の①～④に当てはまる最も適切な語句を、下記の語群から選択せよ。

【語群】

内閣総理大臣　　市町村　　中心市街地活性化本部　　まちなか居住

解説

中心市街地活性化法のスキームを示した図である。中心市街地活性化法は、中心市街地における都市機能の増進及び経済活力の向上を総合的かつ一体的に推進するため、中心市街地の活性化に関する基本理念の創設、市町村が作成する基本計画の内閣総理大臣による認定制度の創設、支援措置の拡充、中心市街地活性化本部の設置等の所要の措置を講ずるものである。

解答 ①中心市街地活性化本部　②市町村　③内閣総理大臣　④まちなか居住

第20問 事業承継施策

【事業承継施策の体系図】

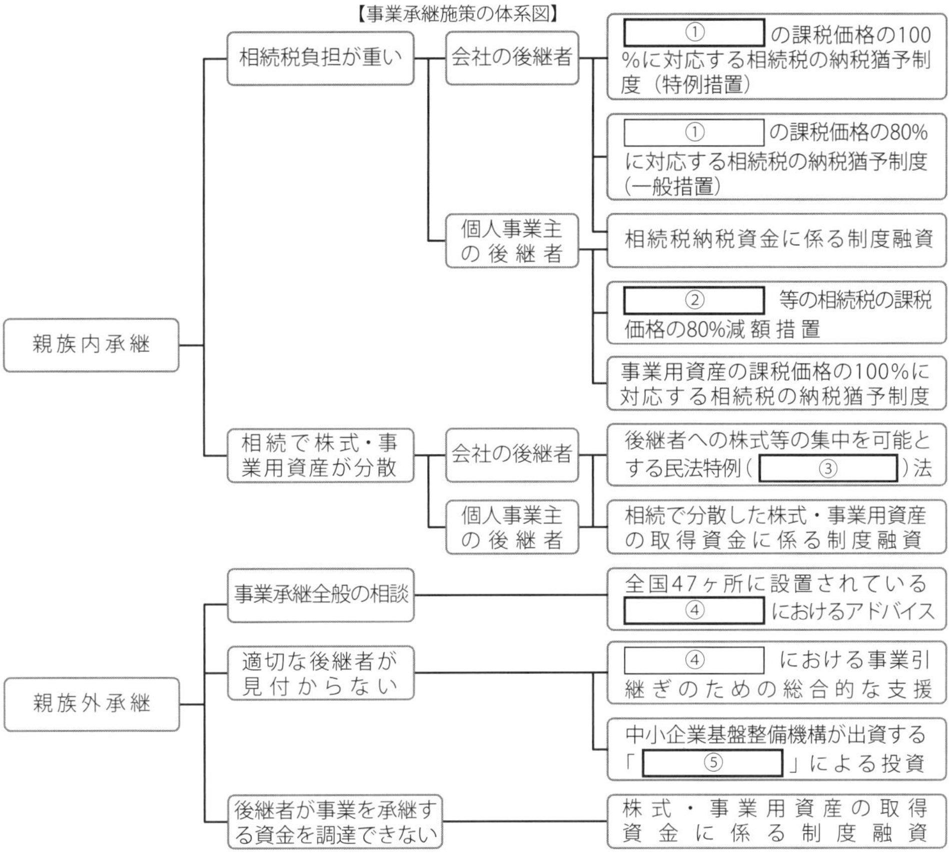

（設問）

図表の①～⑤に当てはまる最も適切な語句を、下記の語群から選択せよ。

【語群】

特定事業用宅地　　中小企業成長支援ファンド　　非上場株式

事業承継・引継ぎ支援センター　　経営承継円滑化

解説

中小企業は、地域経済の活力を維持するとともに、雇用全体の維持・拡大を支えるなど、我が国経済の基盤を形成する存在であり、その事業を次世代へと円滑に承継していくことが極めて重要な課題である。しかし、多くの中小企業においては、実質的に所有と経営が一致しており、経営の承継に伴って、(1)民法上の遺留分による制約、(2)資金調達の困難性、(3)相続税・贈与税負担といった様々な課題が発生しているため、それぞれの課題に対応した事業承継施策を講じている。

解答 ①非上場株式　②特定事業用宅地　③経営承継円滑化
④事業承継・引継ぎ支援センター　⑤中小企業成長支援ファンド

第21問　事業承継税制

	特例措置	一般措置（これまでの措置）
事前の計画策定等	［①］年以内の特例承継計画の提出 平成30年（2018年）4月1日から 令和6年（2024年）3月31日まで	不要
適用期限	［②］年以内の贈与・相続等 平成30年（2018年）1月1日から 令和9年（2027年）12月31日まで	なし
対象株数	全株式	総株式数の最大［③］まで
納税猶予割合	［④］%	贈与：［⑤］% 相続：［⑥］%
承継パターン	複数の株主から最大［⑦］人の後継者	複数の株主から1人の後継者
雇用確保要件	弾力化	承継後5年間平均［⑧］割の雇用維持が必要
事業の継続が困難な事由が生じた場合の免除	あり	なし
相続時精算課税の適用	60歳以上の者から18歳以上の者への贈与	60歳以上の者から18歳以上の推定相続人・孫への贈与

（設問）

図表の①～⑧に当てはまる最も適切な数値を、下記の語群から選択せよ。

【語群】

3　6　8　10　50　80　100　1/2　2/3

解説

事業承継税制は、後継者である受贈者・相続人等が、経営承継円滑化法の認定を受けている非上場会社の株式等を贈与又は相続等により取得した場合において、その非上場株式等に係る贈与税・相続税について、一定の要件のもと、その納税を猶予し、後継者の死亡等により、納税が猶予されている贈与税・相続税の納付が免除される制度である。

平成30年度税制改正では、この事業承継税制について、これまでの措置（一般措置）に加え、10年間の措置として、納税猶予の対象となる非上場株式等の制限（総株式数の最大3分の2まで）の撤廃や、納税猶予割合の引上げ（80%から100%）等がされた特例措置が創設された。特例承継計画の提出期限は、当初、令和5年（2023年）3月31日であったが、令和4年度税制改正により1年延長され、令和6年（2024年）3月31日となった。

解答　①6　②10　③2/3　④100　⑤100　⑥80　⑦3　⑧8

第22問　事業承継ガイドライン

【事業承継に向けたステップ】

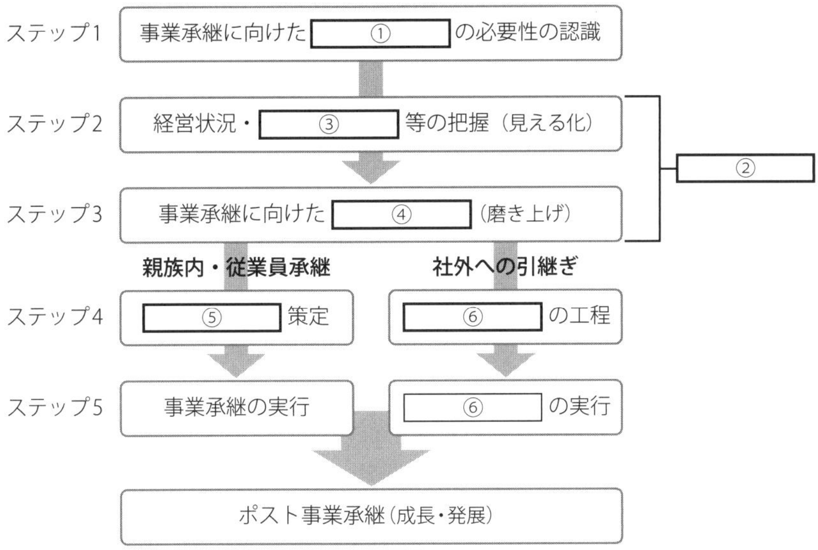

（設問）

図表の①～⑥に当てはまる最も適切な語句を、下記の語群から選択せよ。

【語群】

M&A　　事業承継計画　　プレ承継　　準備　　経営改善　　経営課題

解説

事業承継ガイドラインのうち、事業承継に向けた5つのステップの図である。

平成28年12月に公表された事業承継ガイドラインは、中小企業経営者の高齢化の進展等を踏まえ、円滑な事業承継の促進を通じた中小企業の事業活性化を図るため、事業承継に向けた早期・計画的な準備の重要性や課題への対応策、事業承継支援体制の強化の方向性等について取りまとめたものである。5つのステップは、事業承継を円滑に行う上で、必要な準備のプロセスをまとめたものである。令和4年3月には、事業承継ガイドラインの改訂が行われ、事業承継に関連して生じた変化や、新たに認識された課題と対応策等が反映された。

解答　①準備　②プレ承継　③経営課題　④経営改善　⑤事業承継計画　⑥M&A

第23問　中小企業・小規模事業者人手不足対応ガイドライン

【人手不足対応のための5つのステップ】

ステップ1
［　①　］を見つめ直す
原点に立ち戻り、［　①　］を見つめ直す

ステップ2
［　①　］を解決するための方策を検討する
［　①　］を解決するため、業務を見直した上で、［　②　］の融通や［　①　］への対応策を考える

ステップ3
［　③　］や人材の［　④　］方法を明確化する
［　③　］を明確化し、人材の［　④　］方法（外部［　④　］か、社内での登用・育成か）を検討する

ステップ4
求人・採用／登用・育成（人材に関する取組の実施）
求人・採用／登用・育成など、人材に関する取組を実施する

ステップ5
人材の活躍や［　⑤　］に向けたフォローアップ
採用した人材や社内人材の活躍や［　⑤　］に向けて、フォローアップ（能力開発や職場環境の見直し等）を行う

（設問）

図表の①～⑤に当てはまる最も適切な語句を、下記の語群から選択せよ。

【語群】

経営資源　　求人像　　経営課題　　定着　　調達

解説

中小企業・小規模事業者人手不足対応ガイドラインは、多様な働き手が活躍できる職場づくりや、ITや設備の導入による生産性の向上により、人手不足を乗り越えている好事例からポイントとなる考え方を抽出し、人手不足対応のガイドラインとして平成28年度に公表された。

令和２年には、企業を取り巻くその後の環境変化や、働き方改革関連法への対応といった新たな課題等に対応していく上での考え方や取組のポイントを織り込んだ改訂版が公表された。

解答　①経営課題　②経営資源　③求人像　④調達　⑤定着

4

応用編

第1問　中小企業者・小規模企業者の定義

以下は、株式会社設立発起人であるＸ氏と中小企業診断士Ｙ氏との会話である。この会話を読んで、下記の設問に答えよ。

Ｘ氏：「これから株式会社を設立したいと考えています。業種は情報処理サービス業ですが、中小企業者の定義を教えてください。」

Ｙ氏：「中小企業者の定義は、原則として中小企業基本法で定められています。また、情報処理サービス業については、中小企業関連立法において［　Ａ　］と定義されています。」

Ｘ氏：「従業員数の範囲には会社役員は含まれるのですか。」

Ｙ氏：「［　Ｂ　］」

Ｘ氏：「知人で［　Ｃ　］の経営者がいますが、この場合の取り扱いはどうなりますか。」

Ｙ氏：「中小企業基本法では小規模企業者に該当します。」

（設問１）

文中の空欄Ａに入る語句として、最も適切なものはどれか。

ア　資本金３億円以下または従業員数300人以下

イ　資本金１億円以下または従業員数100人以下

ウ　資本金５千万円以下または従業員数50人以下

エ　資本金５千万円以下または従業員数100人以下

（設問２）

文中の空欄Ｂに入る記述として、最も適切なものはどれか。

ア　含まれます。

イ　代表取締役以外の役員が含まれます。

ウ　役員のうち取締役のみが含まれます。

エ　含まれません。

（設問３）

文中の空欄Ｃに入る語句として、最も適切なものはどれか。

ア　従業員数８人で、個人の小売業

イ　従業員数20人で、資本金2,000万円の製造業

ウ　従業員数25人で、資本金500万円の製造業

エ　従業員数15人で、資本金500万円の卸売業

解答・解説

解　答

（設問１） ア
（設問２） エ
（設問３） イ

解 説

（設問１）

中小企業者の範囲は、中小企業基本法で次のように定義されている。

業種分類	中小企業者の範囲
製造業その他	資本の額又は出資の総額が３億円以下の会社または常時使用する従業員の数が300人以下の会社及び個人
卸　売　業	資本の額又は出資の総額が１億円以下の会社または常時使用する従業員の数が100人以下の会社及び個人
小　売　業	資本の額又は出資の総額が５千万円以下の会社または常時使用する従業員の数が50人以下の会社及び個人
サービス業	資本の額又は出資の総額が５千万円以下の会社または常時使用する従業員の数が100人以下の会社及び個人

なお、中小企業関連立法においては、政令によりゴム製品製造業（一部を除く）は、資本金３億円以下または従業員900人以下、旅館業は、資本金５千万円以下または従業員200人以下、ソフトウエア業・情報処理サービス業は、資本金３億円以下または従業員300人以下を中小企業としている。よって正解はアとなる。

（設問２）

中小企業基本法に基づく中小企業の従業員の範囲に関する出題である。従業員の定義には、会社役員は含まれない。よって正解はエとなる。

（設問３）

中小企業基本法における中小企業のうち、小規模企業者の定義に関する出題である。小規模企業者とは、おおむね常時使用する従業員の数が20人（商業又はサービス業に属する事業を主たる事業として営む者については、５人）以下の事業者であり、資本金基準はない。商業は卸売業と小売業のことである。製造業で従業員が20人のイが正解となる。

第2問　農商工等連携

以下は、Ｉ県Ｓ市で果樹栽培を行うＸ氏と中小企業診断士Ｙ氏との会話である。この会話を読んで、下記の設問に答えよ。

Ｘ氏：「我が社で栽培している果樹を使用した加工食品の開発を検討しています。何か活用できそうな支援策はありませんか。」

Ｙ氏：「農商工等連携事業を活用されてみては如何でしょうか。農商工等連携事業では、中小企業者と農林漁業者が［ A ］に連携し、それぞれの［ B ］を有効に活用して行う事業活動を総合的に支援しています。農商工等連携事業の認定を受けることで、<u>さまざまな支援策</u>を利用することができます。」

Ｘ氏：「認定を受けるまでの流れを教えて下さい。」

Ｙ氏：「中小企業者及び農林漁業者が共同で農商工等連携事業計画を作成しなければなりません。これを［ C ］に提出し、適当である旨の認定を受ける必要があります。」

（設問１）

文中の空欄Ａ、Ｂ、Ｃに入る語句の組み合わせとして、最も適切なものはどれか。

ア　Ａ：相互的　　Ｂ：人脈　　　Ｃ：主務大臣（国）
イ　Ａ：有機的　　Ｂ：経営資源　Ｃ：主務大臣（国）
ウ　Ａ：相互的　　Ｂ：人脈　　　Ｃ：都道府県
エ　Ａ：有機的　　Ｂ：経営資源　Ｃ：都道府県

（設問２）

文中の下線部について、農商工等連携事業計画の認定による受けられる支援策として、<u>最も不適切なものはどれか。</u>

ア　マーケティング等の専門家によるサポート支援
イ　中小企業信用保険法の特例
ウ　政府系金融機関による融資制度
エ　ものづくり・商業・サービス生産性向上促進補助金

☞ 解答・解説

解答

（設問１） イ
（設問２） エ

解説

農商工等連携に関する出題である。

（設問１）

農商工等連携促進法は、中小企業者と農林漁業者とが有機的に連携し、それぞれの経営資源を有効に活用して行う事業活動を促進することにより、中小企業の経営の向上及び農林漁業経営の改善を図り、もって国民経済の健全な発展に寄与することを目的とする。

中小企業者と農林漁業者が、農商工等連携事業計画を共同で作成し、主務大臣（国）の認定を受けた場合には、各種支援策を利用することができる。

よって、空欄Ａには「有機的」、空欄Ｂには「経営資源」、空欄Ｃには「主務大臣（国）」が入るため、正解はイとなる。

（設問２）

ア　適切である。中小機構の全国10地域本部、事務所では、新事業創出支援事業として新たな取組にチャレンジする中小企業者等の事業計画づくりから販路開拓に至るまで、一貫してきめ細かなサポート支援を行っている。

イ　適切である。認定を受けた中小企業者に、普通保険、無担保保険、特別小口保険及び売掛金債務担保保険の別枠を設ける等の措置を講じている。

ウ　適切である。日本政策金融公庫（中小企業事業・国民生活事業）による低利融資制度を活用することができる。

エ　不適切である。ものづくり・商業・サービス生産性向上促進補助金は、中小企業・小規模事業者等が行う革新的なサービス開発・試作品開発・生産プロセス等の改善に必要な設備投資を支援する制度であり、農商工等連携事業計画の認定による支援策には該当しない。

よって、正解はエとなる。

第3問　先端設備等導入制度

以下は、中小企業経営者Ｘ氏と中小企業診断士のＹ氏との会話である。この会話を読んで、下記の設問に答えよ。

Ｘ氏：「当社は機械部品の製造を行っておりますが、設備の老朽化によって生産性が低下しています。設備を更新したいと思っていますが、活用できる制度はありますか。」

Ｙ氏：「はい。中小企業の設備投資を支援する制度として、先端設備等導入制度があります。この制度の活用を検討してはいかがでしょうか。」

Ｘ氏：「どのような制度か教えていただけますか。」

Ｙ氏：「［　A　］法に規定された制度であり、中小企業が設備投資を通じて労働生産性の向上を図るために先端設備等導入計画を作成し、一定の［　B　］が認定します。認定を受けた企業には、支援措置が設けられています。」

（設問１）

文中の空欄ＡとＢに入る語句として、最も適切なものの組み合わせを下記の解答群から選べ。

ア　Ａ：産業競争力強化法　　Ｂ：市区町村
イ　Ａ：産業競争力強化法　　Ｂ：都道府県
ウ　Ａ：中小企業等経営強化　　Ｂ：市区町村
エ　Ａ：中小企業等経営強化　　Ｂ：都道府県

（設問２）

文中の下線部について、先端設備等導入制度の支援措置の内容として、最も適切なものはどれか。

ア　先端設備等導入額の全額を即時償却することができる。
イ　先端設備等導入額の10%（資本金3,000万円超の中小企業者等は７%）の税額控除を受けることができる。
ウ　先端設備等導入額の70%以下の金額を準備金として積立て、その事業年度の損金に算入することができる。
エ　先端設備等の導入後、新たに固定資産税が課される年度から３年度に限り、固定資産税の軽減を受けることができる。

解答・解説

解 答

（設問１） ウ
（設問２） エ

解 説

先端設備等導入制度に関する出題である。

先端設備等導入制度は、市町村により先端設備等導入計画の認定を受けた中小企業の設備投資を支援する制度である。認定を受けた中小企業の設備投資に対して、臨時・異例の措置として、地方税法における事業用家屋や償却資産に係る固定資産税の特例などが講じられている。

（設問１）

先端設備等導入制度は、平成30年６月に施行された生産性向上特別措置法に基づく制度であったが、令和３年６月に産業競争力強化法等の一部を改正する法律の成立・施行に伴い生産性向上特別措置法が廃止されたため、中小企業等経営強化法に移管された。

また、先端設備等導入計画は、新たに導入する設備が所在する市区町村が国から「導入促進基本計画」の同意を受けている場合に、中小企業者が認定を受けることができる。

よって、空欄Ａには「中小企業等経営強化」、空欄Ｂには「市区町村」が入るため、正解はウとなる。

（設問２）

先端設備等導入制度では、固定資産税の特例と中小企業信用保証法の特例の支援措置が設けられている。

ア　不適切である。即時償却の支援措置は設けられていない。
イ　不適切である。税額控除の支援措置は設けられていない。
ウ　不適切である。準備金積立ての支援措置は設けられていない。
エ　適切である。固定資産税の特例措置が設けられている。新たに固定資産税が課される年度から３年度に限り、固定資産税の軽減を受けることができる。

よって、正解はエとなる。

第4問　事業継続力強化

以下は、中小企業経営者K氏と中小企業診断士のL氏との会話である。この会話を読んで、下記の設問に答えよ。

K氏：「近年、大規模な自然災害が全国各地で頻発しており、とても心配しています。国では何らかの対策を考えているのでしょうか。」

L氏：「はい。中小企業の自然災害に対する事前対策（防災・減災対策）を促進するため、令和元年7月に［　A　］法が改正され、［　B　］計画の認定制度が設けられました。」

K氏：「それはどのようなものでしょうか。」

L氏：「中小企業が策定した防災・減災の事前対策に関する計画を［　C　］が認定する制度です。認定を受けた企業には、税制優遇や金融支援、補助金の加点などの支援策が設けられています。また、令和2年10月からは、感染症対策に関する事業継続力強化計画の認定もスタートしています。」

K氏：「ありがとうございます。良い制度だと思うのですが、計画策定が難しそうですね。」

L氏：「計画策定をサポートするために、［　D　］が始まっていますので活用してみてはいかがでしょうか。」

（設問1）

文中の空欄AとBに入る語句の組み合わせとして、最も適切なものはどれか。

ア　A：産業競争力強化法　　B：事業継続力強化
イ　A：産業競争力強化法　　B：経営力向上
ウ　A：中小企業等経営強化　B：事業継続力強化
エ　A：中小企業等経営強化　B：経営力向上

（設問2）

文中の空欄CとDに入る語句の組み合わせとして、最も適切なものはどれか。

ア　C：都道府県知事　D：ワークショップ
イ　C：都道府県知事　D：マンツーマン支援
ウ　C：経済産業大臣　D：ワークショップ
エ　C：経済産業大臣　D：マンツーマン支援

☞ 解答・解説

解 答

（設問1）ウ
（設問2）エ

解 説

事業継続力強化に関する出題である。

近年、大規模な自然災害が全国各地で頻発している。こうした自然災害は、個々の事業者の経営だけでなく、サプライチェーン全体にも大きな影響を及ぼすおそれがある。そこで、中小企業の自然対策に対する事前対策（防災・減災対策）を促進するため、令和元年7月に中小企業等経営強化法が改正されている。

（設問1）

中小企業等経営強化法の改正では、事業継続力強化計画の認定制度が設けられている。事業継続力強化計画は、自然災害等による事業活動への影響を軽減することを目指し、事業活動の継続に向けた取組を計画するものである。なお、令和2年10月から感染症対策に関する事業継続力強化計画の認定もスタートしている。

よって、空欄Aには「中小企業等経営強化」、空欄Bには「事業継続力強化」が入るため、正解はウとなる。

（設問2）

中小企業は事業継続力強化計画を作成、申請し、経済産業大臣の認定を受けることができる。認定を受けた中小企業には、税制優遇や金融支援、補助金の加点などの支援策が設けられている。なお、事業継続力強化計画には、単独の企業で作成・申請する事業継続力強化計画と、複数の企業が連携して計画・申請する連携事業継続力強化計画がある。

また、事業継続力強化計画を作成にあたっては、中小企業の取組を後押しするため、専門家による計画策定支援（マンツーマン支援）や、計画策定のためのセミナーが開催されている。

よって、空欄Cには「経済産業大臣」、空欄Dには「マンツーマン支援」が入るため、正解はエとなる。

第5問　経営革新

中小企業経営者X氏と中小企業診断士Y氏の会話を読んで、下記の設問に答えよ。

X氏：「当社は金属切削加工を長年行っており、品質の高さには自信があります。大手企業に依存した下請け企業から脱却するため、自社ブランドを構築して国内外へ進出したいと考えており、難易度の高い切削加工へ挑戦し、品質管理のさらなる強化を行っていく計画を進めていますが、国の支援策で利用できるものはありますか。」

Y氏：「経営革新という支援策があります。経営革新計画を策定して、国や都道府県から承認を受けると、政府系金融機関の低利融資など、多様な支援を受けられます。」

X氏：「どのような要件がありますか。」

Y氏：「［　A　］」

X氏：「経営革新計画をどのように策定したらよいのか不安があります。」

Y氏：「ご安心ください。中小企業等経営強化法において、経営革新計画等の策定に係る指導・助言などを行う［　B　］の認定制度が設けられるなど、支援体制の整備が進められています。」

（設問1）

文中の空欄Aに入る記述として、最も不適切なものはどれか。

ア　新事業活動を行うことにより、その経営の相当程度の向上を図ることが必要です。

イ　経営革新計画における経営指標には、「付加価値額」又は「一人当たりの付加価値額」と「給与支給総額」の２つがあり、計画年数に応じた目標伸び率を設定する必要があります。

ウ　付加価値額＝経常利益＋人件費＋減価償却費として計算し、年率３％以上の伸び率が必要です。

エ　給与支給総額＝役員報酬＋給料＋賃金＋賞与＋各種手当として計算し、年率1.5％以上の伸び率が必要です。

（設問2）

文中の空欄Bに入る語句として、最も適切なものはどれか。

ア　都道府県等中小企業支援センター

イ　中小企業基盤整備機構

ウ　経営革新等支援機関

エ　中小企業再生支援協議会

☞ 解答・解説

解　答

（設問１）ウ
（設問２）ウ

解 説

経営革新に関する出題である。

（設問１）

中小企業等経営強化法において、経営革新とは、事業者が新事業活動を行うことにより、その経営の相当程度の向上を図ることをいう。「付加価値額」又は「一人当たりの付加価値額」と「給与支給総額」という２つの指標について、経営革新計画の計画年数（３年～５年）に応じた目標伸び率を設定する必要がある。

ア　適切である。

イ　適切である。

ウ　不適切である。付加価値額＝営業利益＋人件費＋減価償却費として計算する。

エ　適切である。

よって、正解はウとなる。

（設問２）

中小企業等経営強化法では、経営革新等支援業務を行う者であって、基本方針に適合すると認められる機関（経営革新等支援機関）を認定する制度が設けられている。経営革新等支援業務とは①経営革新等を行おうとする中小企業等の経営資源の内容、財務内容その他経営の状況の分析、②経営革新等のための事業の計画の策定・事業の実施に係る指導及び助言をいう。

よって、空欄Ｂは「経営革新等支援機関」が最も適切であるため、正解はウとなる。

第6問　中小企業活性化協議会

中小企業診断士のＸ氏は、卸売業（資本金１千万円）を営むＹ氏から再生支援に関する質問を受けた。この会話を読んで、下記の設問に答えよ。

Ｙ氏：「わが社は、取引先からの受注の減少や借入金利負担の増大により、経営状況が悪化しているため、抜本的な改革をしたいと考えています。支援してくれる公的機関として［Ａ］というものがあるそうですね。」
Ｘ氏：「はい。［Ａ］は、［Ｂ］に基づき、各都道府県に設置されている公的機関です。過剰債務等により経営状況が悪化していても、財務や事業の見直しなどにより収益力改善・事業再生・再チャレンジが可能な中小企業者が、支援の対象になります。」
Ｙ氏：「具体的にはどのような支援をしてくれるのですか。」
Ｘ氏：「たとえば、再生のために財務や事業の見直しが必要な企業には、常駐専門家による再生に関する相談受付・助言のほか、必要に応じて再生計画策定の支援、金融機関などの関係者間の調整を手伝ってくれます。」

（設問１）

文中の空欄Ａに入る語句として、最も適切なものはどれか。

ア　よろず支援拠点
イ　事業承継・引継ぎ支援センター
ウ　中小企業活性化協議会
エ　都道府県等中小企業支援センター

（設問２）

文中の空欄Ｂに入る語句として、最も適切なものはどれか。

ア　中小企業基本法
イ　中小企業支援法
ウ　産業競争力強化法
エ　中小企業等経営強化法

☞ 解答・解説

解　答

（設問１）ウ
（設問２）ウ

解 説

中小企業活性化協議会に関する出題である。

都道府県ごとに設置された中小企業活性化協議会および独立行政法人中小企業基盤整備機構に設置された中小企業活性化全国本部においては、常駐する専門家が再生に関する相談を受け付け、助言や再生計画作りの支援、金融機関等との調整などの支援を行っている。また、有事に移行しそうな中小企業者に対し、有事に移行しないよう、簡易な収支・資金繰り計画と収益力改善アクションプランの策定を支援する収益力改善支援を新設し、協議会の中小企業の駆け込み寺としての機能を一層発揮し、中小企業の活力の再生を図っている。

（設問１）

ア　不適切である。よろず支援拠点は、コーディネーターを中心に、地域の支援機関・各省庁・地方自治体等と密に連携しながら、相談に来た中小企業・小規模事業者が抱える様々な経営課題を分析し、課題解決に最適な手法を選択して支援を行う。

イ　不適切である。事業承継・引継ぎ支援センターは、後継者未定又は不在の中小企業・小規模事業者に対して、事業承継・引継ぎに係る課題解決に向けた助言、情報提供及びマッチング支援を行う。

ウ　適切である。

エ　不適切である。都道府県等中小企業支援センターは、豊富な経験と知識を有している専門家を配置し、中小企業者の経営資源の円滑な確保を支援している。

よって、正解はウとなる。

（設問２）

中小企業活性化協議会は、産業競争力強化法に基づき各都道府県に設置されている公的機関である。

よって、空欄Ｂは「産業競争力強化法」が最も適切であるため、正解はウとなる。

第7問　下請代金支払遅延等防止法①

以下は、ソフトウェア業（資本金３千万円）を営むＸ氏と、中小企業診断士Ｙ氏の会話である。この会話を読んで、下記の設問に答えよ。

Ｘ氏：「わが社は、ソフトウェアの開発業務を請け負い、Ｚ社（資本金１千万円）にプログラム作成を委託しています。Z社との取引で注意すべき事柄がありますか？」

Ｙ氏：「はい。Ｚ社との取引は、①下請代金支払遅延等防止法（下請代金法）の適用範囲になりますので注意してください。」

Ｘ氏：「ええ、聞いたことがあります。確か、親事業者が下請事業者に委託する取引の内容によって、下請代金法が適用されるかどうかが決まるのでしたね。」

Ｙ氏：「はい、そうです。取引の内容と、親事業者と下請事業者の資本金区分により、法律が適用されるかどうかが決まります。②政令で定めたものを除く情報成果物作成委託・役務提供委託の取引の場合は、親事業者と下請事業者の資本金区分が異なります。」

（設問１）

文中の下線部①について、下請代金支払遅延等防止法の対象として、最も不適切なものはどれか。

ア　資本金４億円の電機メーカーが、資本金３億円の部品メーカーに部品製造を委託する場合。

イ　資本金６千万円の卸売業者が、プライベートブランド商品の製造を資本金３千万円の食品メーカーに委託する場合。

ウ　資本金５千万円のソフトウェア作成業者が、プログラムの作成を、資本金９百万円の開発業者に委託する場合。

エ　資本金２千万円の運送業者が、物品の輸送を請け負い、資本金１千万円の運送業者に輸送業務を委託する場合。

（設問２）

文中の下線部②について、政令で定めたものを除く情報成果物作成委託・役務提供委託の取引において、下請代金法の制限を受ける親事業者と下請事業者の資本金区分として、最も不適切なものはどれか。

ア　親事業者の資本金が４億円で、下請事業者の資本金が４千万円の場合。

イ　親事業者の資本金が２億円で、下請事業者の資本金が５千万円の場合。

ウ　親事業者の資本金が６千万円で、下請事業者の資本金が５千万円の場合。

エ　親事業者の資本金が３千万円で、下請事業者の資本金が２千万円の場合。

解答・解説

解　答

（設問１）イ
（設問２）エ

解 説

下請代金支払遅延等防止法（下請代金法）に関する出題である。下請代金法は、親事業者の不公正な取引を規制し、下請事業者の利益を保護するため、親事業者の義務と禁止行為を定めている。

法律の適用範囲

（1）物品の製造・修理委託及び政令で定める情報成果物（プログラム）作成・役務（運送、物品の倉庫における保管、情報処理）提供委託

親事業者		下請事業者
資本金３億円超	→	資本金３億円以下（個人含む）
資本金１千万円超３億円以下	→	資本金１千万円以下（個人含む）

（2）政令で定めたものを除く情報成果物作成・役務提供委託

親事業者		下請事業者
資本金５千万円超	→	資本金５千万円以下（個人含む）
資本金１千万円超５千万円以下	→	資本金１千万円以下（個人含む）

（設問１）

本設問の選択肢の取引は、法律の適用範囲（１）に該当するため、（１）で判定を行う。
ア　適切である。
イ　不適切である。下請事業者の資本金が１千万円以下でないので、対象外になる。
ウ　適切である。
エ　適切である。
よって、正解はイとなる。

（設問２）

ア　適切である。
イ　適切である。
ウ　適切である。
エ　不適切である。下請事業者の資本金が１千万円以下でないので、対象外になる。
よって、正解はエとなる。

第8問　下請代金支払遅延等防止法②

以下は、自動車１次部品メーカーの社長Ｘ氏と中小企業診断士Ｙ氏との会話である。この会話を読んで、下記の設問に答えよ。

Ｘ氏：「当社と取引がある、自動車２次部品メーカーＺ社への製造委託契約は、下請代金支払遅延等防止法の適用を受けます。その取引が法規に違反しているのではないかと思い、相談に参りました。」
Ｙ氏：「その契約は、どのようなものですか。」
Ｘ氏：「［　Ａ　］」
Ｙ氏：「それなら御社は親事業者の義務を順守しています。ご安心ください。ちなみに［　Ｂ　］は親事業者、つまり御社が禁止されている行為ですが、そのような事はなさっていませんか。」
Ｘ氏：「はい。そのような事はしておりません。」

（設問１）

文中の空欄Ａに入る記述として、最も適切なものはどれか。

ア　いつもと同じ部品の製造委託でしたので、発注内容を口頭でＺ社に伝達しています。
イ　給付の内容、下請代金の額等について記載した書類を作成し２年間保存しています。
ウ　Ｚ社への下請代金の支払期日を、物品受領日から起算して90日としています。
エ　Ｚ社への下請代金を支払期日までに支払わなかったときは、物品受領日から起算して60日を経過した日から支払をする日までの期間について、その日数に応じ当該未払金額に年率12.6％を乗じた額の遅延利息を支払う契約内容としました。

（設問２）

文中の空欄Ｂに入る記述として、最も不適切なものはどれか。

ア　Ｚ社には責任がないのに、注文した製品の受領を拒むこと
イ　御社のために金銭、役務その他の経済上の利益を提供させること
ウ　Ｚ社への下請代金の支払につき、手形期間が90日の割引可能な手形を交付すること
エ　Ｚ社には責任がないのに、下請代金の額を減ずること

解答・解説

解 答

（設問１） イ
（設問２） ウ

解 説

下請代金支払遅延等防止法に関する出題である。

（設問１）

親事業者には、書面を交付する義務、下請代金の支払期日を定める義務、書類の作成・保存義務、遅延利息の支払義務、の４つの義務が課せられている。

ア 不適切である。親事業者は、委託後直ちに、給付の内容、下請代金の額、支払期日及び支払方法等の事項を記載した書面を交付する義務がある。

イ 適切である。下請取引の内容を記載した書類の作成と２年間保存の義務がある。

ウ 不適切である。親事業者は、下請事業者との合意の下に、下請代金の支払期日を、物品等を受領した日から起算して60日以内でできる限り短い期間内で定める義務がある。

エ 不適切である。親事業者は、下請代金を支払期日までに支払わなかったときは、下請事業者に対し、物品等を受領した日から起算して60日を経過した日から支払をする日までの期間について、その日数に応じ、未払金額に年率14.6％を乗じた額の遅延利息を支払う義務がある。

よって、正解はイとなる。

（設問２）

親事業者には、受領拒否の禁止、下請代金の支払遅延の禁止、下請代金の減額の禁止、返品の禁止、買いたたきの禁止、物の購入強制・役務の利用強制の禁止、報復措置の禁止、有償支給原材料等の対価の早期決済の禁止、割引困難な手形の交付の禁止、不当な経済上の利益の提供要請の禁止、不当な給付内容の変更及び不当なやり直しの禁止、の11項目の禁止行為が課せられている。

ア 適切である。受領拒否の禁止に該当する。

イ 適切である。不当な経済上の利益の提供要請の禁止に該当する。

ウ 不適切である。一般の金融機関で割引を受けることが困難であると認められる手形を交付する事は禁止されている。手形期間が、繊維製品取引で90日、その他の取引では120日を超える長期手形は割引困難手形と解される。

エ 適切である。下請代金の減額の禁止に該当する。

よって、正解はウとなる。

第9問 有限責任事業組合（LLP）

以下は、部品加工メーカーのＹ社社長と中小企業診断士Ｘ氏との会話である。この会話を読んで、下記の設問に答えよ。

Ｙ社社長：「同業のＴ社、金型メーカーのＢ社、塗装メーカーのＣ社と連携して、高度な部品を開発・製造したいと考えています。どのような組織形態をとることが望ましいでしょうか。」

Ｘ　　氏：「［Ａ］という組織形態があります。」

Ｙ社社長：「それはどのような組織ですか。」

Ｘ　　氏：「平成17年に民法組合の特例として創設されました。技術やビジネスアイデアを持つ個人が共同経営者としてパートナーシップを組む場合や、中小企業者同士の連携事業、中小企業と大企業の連携事業、産学連携事業などで活用できます。」

Ｙ社社長：「どのような特徴があるのですか。」

Ｘ　　氏：「組合員の［Ｂ］が有限責任であることや組織の内部ルールの設定が柔軟であること、［Ｃ］課税であるなどの特徴があります。」

（設問１）

文中の空欄Ａに入る語句として、最も適切なものはどれか。

ア　合同会社（いわゆるLLC）
イ　有限責任事業組合（いわゆるLLP）
ウ　投資事業有限責任組合
エ　企業組合

（設問２）

文中の空欄ＢとＣに入る語句の組み合わせとして、最も適切なものはどれか。

ア　Ｂ：過半数　　Ｃ：法人
イ　Ｂ：過半数　　Ｃ：構成員
ウ　Ｂ：全員　　Ｃ：法人
エ　Ｂ：全員　　Ｃ：構成員

解答・解説

解　答

（設問1） イ
（設問2） エ

解 説

有限責任事業組合（LLP）に関する出題である。有限責任事業組合の特徴は次のとおりである。合同会社（LLC）との違いも押さえてほしい。

【有限責任事業組合（LLP）の特徴】

① 組合員の責任の範囲（有限責任制）
出資者は出資の価額の範囲までしか事業上の責任を負わない有限責任制である。

② 組合事業の運営方法（内部自治原則）
組織の内部ルールは法律によって詳細に規定されておらず、組合契約書によって組織構造を柔軟に設定できる。また、組合員の組合事業への貢献度に応じて、出資比率とは異なる損益や権限（議決権）の分配が可能である。

③構成員課税
組合事業から発生する利益は、LLP自体にではなく、損益分配割合に従って各組合員に帰属する利益に課税される。

（設問1）

有限責任事業組合（LLP）は平成17年に民法組合の特例として創設された。技術やビジネスアイデアを持つ個人が共同経営者としてパートナーシップを組む場合や、中小企業者同士の連携事業、中小企業と大企業の連携事業、産学連携事業などで活用できる。

よって、空欄Aは「有限責任事業組合（いわゆるLLP）」が最も適切であるため、正解はイとなる。

（設問2）

有限責任事業組合（LLP）の特徴には、合同会社（LLC）と同じ点として「出資者全員が有限責任」、「組織の内部ルールの設定が柔軟」があり、合同会社と異なる点として「法人格を有さない」、「構成員課税」がある。

よって、空欄Bは「全員」、空欄Cは「構成員」が最も適切であるため、正解はエとなる。

第10問　合同会社（LLC）

以下は、創業予定者X氏と中小企業診断士Y氏との会話である。この会話を読んで、下記の設問に答えよ。

X氏：「これから創業したいと考えています。創業にあたってはどのような組織形態をとることができますか。」

Y氏：「広く知られているものとしては個人事業や株式会社がありますが、その他にも多様な事業体の活用が可能です。」

X氏：「具体的にはどのようなものがありますか。」

Y氏：「たとえば、［ A ］は、新しい会社形態として平成18年に創設された制度です。合名会社や合資会社と同様に人的会社と呼ばれる組織形態で、人的な能力を活かした創業などで活用が可能です。」

X氏：「それは興味深いですね。どのような特徴があるのですか。」

Y氏：「［ B ］」

（設問1）

文中の空欄Aに入る語句として、最も適切なものはどれか。

ア　合同会社（いわゆるLLC）
イ　有限責任事業組合（いわゆるLLP）
ウ　投資事業有限責任組合
エ　企業組合

（設問2）

文中の空欄Bに入る記述として、最も適切なものはどれか。

ア　有限責任の出資者と無限責任の出資者の両方が存在します。
イ　法人格を有しません。
ウ　組織の内部ルールの設定を柔軟に行うことができます。
エ　組織自体に課税されません。

☞ 解答・解説

解　答

（設問１） ア
（設問２） ウ

解 説

合同会社（LLC）に関する出題である。合同会社の特徴は次のとおりである。有限責任事業組合（LLP）との違いも押さえてほしい。

【合同会社（LLC）の特徴】
・社員（出資者）の全員が有限責任
・組織の内部ルールの設定が柔軟
・法人格を有する
・法人課税

（設問１）

合同会社は、新しい会社形態として平成18年に創設された。合名会社や合資会社と同様に人的会社と呼ばれる組織形態で、人的な能力を活かした創業などで活用が可能である。

よって、空欄Ａは「合同会社（いわゆるLLC）」が最も適切であるため、正解はアとなる。

（設問２）

合同会社の特徴には、有限責任事業組合（LLP）と同じ点として「出資者全員が有限責任」、「組織の内部ルールの設定が柔軟」があり、有限責任事業組合と異なる点として「法人格を有する」、「法人課税」がある。

ア　不適切である。合同会社の社員（出資者）は全員が有限責任である。
イ　不適切である。合同会社は法人格を有する。
ウ　適切である。
エ　不適切である。合同会社は法人組織に課税される。

よって、正解はウとなる。

第11問　中小企業退職金共済制度

以下は、中小企業の経営者X氏と中小企業診断士Y氏との会話である。この会話を読んで、下記の設問に答えよ。

X氏：「従業員の退職金制度を整備したいと考えています。中小企業でも利用できる退職金制度があれば、教えてもらえませんか。」

Y氏：「はい。［ A ］制度を検討してみてはいかがでしょうか。単独では退職金制度を持つことが難しい企業者に対して、事業主の相互共済の仕組みと国の援助によって、退職金制度を整備するものです。」

X氏：「利用するためには、どのような手続きが必要ですか。」

Y氏：「事業主と［ B ］との間で従業員ごとに契約を結び、各人について毎月一定額の掛金を納付する必要があります。従業員が退職した時には、所定の退職金が直接従業員に支払われます。」

（設問1）

文中の空欄AとBに入る語句の組み合わせとして、最も適切なものはどれか。

ア　A：中小企業退職金共済　　B：独立行政法人勤労者退職金共済機構
イ　A：中小企業退職金共済　　B：独立行政法人中小企業基盤整備機構
ウ　A：小規模企業共済　　B：独立行政法人勤労者退職金共済機構
エ　A：小規模企業共済　　B：独立行政法人中小企業基盤整備機構

（設問2）

文中の下線部について、中小企業退職金共済の掛金に関する記述として、最も不適切なものはどれか。

ア　短時間労働者以外の労働者の掛金は月額5,000円から20万円の範囲で選択することができる。
イ　短時間労働者の掛金は月額2,000円から３万円の範囲で選択することができる。
ウ　個人事業者が納付した掛金は、必要経費に算入される。
エ　法人が納付した掛金は、損金に算入される。

解答・解説

解答

（設問1）ア
（設問2）ア

解説

中小企業退職金共済（中退共）制度に関する出題である。中小企業退職金共済制度は、中小企業で働く従業員の福祉の増進と中小企業の振興に寄与することを目的として、独力では退職金制度を設けることが困難な中小企業者について、事業主の相互共済の仕組みと国の援助によって設けられた退職金制度である。

（設問1）

中小企業退職金共済制度では、主に常用労働者を対象として、中小企業者が独立行政法人勤労者退職金共済機構（以下「機構」という。）と従業員ごとに退職金共済契約を結ぶ。各人について毎月一定額の掛金を納付することにより、従業員が退職した場合に、所定の金額の退職金が、機構から直接その従業員に対し支払われる。

なお、事業主との間に使用従属関係が認められる同居の親族についても、「従業員」として本制度に加入できる。

よって、空欄Aは「中小企業退職金共済」、空欄Bは「独立行政法人勤労者退職金共済機構」が最も適切であるため、正解はアとなる。

（設問2）

中小企業退職金共済制度の毎月の掛金は5,000円から３万円の範囲で16種類から設定することができる。短期労働者については2,000円から３万円の範囲で19種類から設定することができる。

この掛金は、法人の場合は税法上損金に、個人事業の場合は必要経費に算入できるので、節税のメリットも受けることができる。

ア　不適切である。短時間労働者以外の労働者の掛金は月額5,000円から３万円の範囲で選択することができる。
イ　適切である。
ウ　適切である。
エ　適切である。

よって、正解はアとなる。

第12問　小規模企業共済制度

以下は、個人で製造業を営むＸ氏と中小企業診断士Ｙ氏との会話である。この会話を読んで、下記の設問に答えよ。

Ｘ氏：「将来の廃業に備え、生活の安定を図るための資金をあらかじめ準備しておきたいと考えています。何か良い制度をご存知ですか。」

Ｙ氏：「小規模企業共済制度という制度があります。」

Ｘ氏：「どのような制度なのですか。」

Ｙ氏：「個人事業をやめられたとき、会社等の役員を退職したとき、個人事業の廃業などにより共同経営者を退任したときなどの生活資金等をあらかじめ積み立てておくための共済制度です。小規模企業共済法に基づき、［　Ａ　］が運営しています。」

Ｘ氏：「加入した場合には、廃業時にどのような<u>支援</u>が受けられますか。」

Ｙ氏：「個人事業を廃業するときには、共済金が受け取れます。共済金の受取は様々な方法がありますが、一括で受け取る場合には共済金は［　Ｂ　］所得として取り扱われます。」

（設問１）

文中の空欄ＡとＢに入る語句の組み合わせとして、最も適切なものはどれか。

ア　Ａ：独立行政法人勤労者退職金共済機構　　Ｂ：退職
イ　Ａ：独立行政法人勤労者退職金共済機構　　Ｂ：一時
ウ　Ａ：独立行政法人中小企業基盤整備機構　　Ｂ：退職
エ　Ａ：独立行政法人中小企業基盤整備機構　　Ｂ：一時

（設問２）

文中の下線部について、加入者に対する支援として契約者貸付制度がある。契約者貸付制度のうち「廃業準備貸付け」に関する記述として、最も適切なものはどれか。

ア　貸付限度額は掛金総額の10倍以内である。
イ　貸付期間は12ヶ月である。
ウ　無利子である。
エ　申込受付期間は廃業予定日の２年前からである。

☞ 解答・解説

解　答

（設問１） ウ
（設問２） イ

解 説

小規模企業共済制度に関する出題である。小規模企業共済制度は、小規模企業の経営者が廃業や引退に備える制度であり、いわば小規模企業者のための退職金制度である。小規模企業者は経営基盤が脆弱であり、経営環境の変化の影響を受けやすいため、中小企業の中でも特に高い事業リスクを抱えている。将来において小規模企業者が退職、廃業等に遭遇した場合に、その後の生活の安定や事業の再建などのための資金をあらかじめ準備しておくことが必要となる。

（設問１）

小規模企業共済制度は、小規模企業共済法に基づき、独立行政法人中小企業基盤整備機構が運営している。一括受取共済金については、原則として退職所得扱いとなる（解約手当金については、みなし解約〈準共済〉及び65 歳以上の任意解約以外は、一時所得扱い）。分割共済金は、公的年金等の雑所得扱いとなる。

よって、空欄Ａは「独立行政法人中小企業基盤整備機構」、空欄Ｂは「退職」が最も適切であるため、正解はウとなる。

（設問２）

契約者貸付制度は、共済契約者が納付した掛金の範囲内で、事業資金等の貸付けが受けられる制度である。そのうち、廃業準備貸付けとは個人事業の廃止又は会社の解散を円滑に行うため、設備の処分費用、事業債務の清算等、廃業の準備に要する資金を共済契約者に貸付ける制度をいう。

ア　不適切である。貸付限度額は掛金の範囲内（掛金納付月数により、掛金の７割～９割）である。
イ　適切である。貸付期間は12ヶ月である。
ウ　不適切である。貸付利率は年利0.9％（令和５年７月現在）である。
エ　不適切である。廃業予定日の１年前からである。

よって、正解はイとなる。

応用編

第13問 中小企業倒産防止共済制度（経営セーフティ共済）

以下は、中小企業診断士のＸ氏と小規模製造業のＹ社社長との会話である。この会話を読んで、下記の設問に答えよ。

Ｘ　　氏：「最近の経済情勢を考えると、取引先の倒産といった不測の事態に備えておくことが必要だと思います。」

Ｙ社社長：「そうですね。当社の売上の大部分はＺ社に依存しており、Ｚ社の経営に万が一のことがあった場合には、当社の資金繰りにも深刻な影響を及ぼすと見込まれます。何か良い対策はありますか。」

Ｘ　　氏：「経営セーフティ共済に加入しておくのはいかがでしょうか。経営セーフティ共済は、中小企業者の取引先事業者が倒産した場合に、自らが連鎖倒産や著しい経営難に陥るなどの事態を防止するために共済金の貸付けを行う共済制度で、中小企業者の方々の経営の安定を図ることを目的とした制度です。」

Ｙ社社長：「具体的には、どのような支援を受けることができるのですか。」

Ｘ　　氏：「取引先事業者が倒産した場合には、掛金総額の［ A ］倍または被害額のどちらか少ない金額を借りることができます。また、取引先事業者が倒産していない場合でも、共済契約者の方が臨時に事業資金を必要とする場合に、解約手当金の［ B ］％を上限として貸付けが受けられます。」

（設問１）

文中の空欄ＡとＢに入る数値の組み合わせとして、最も適切なものはどれか。

ア　Ａ：5　　B：90
イ　Ａ：5　　B：95
ウ　Ａ：10　　B：90
エ　Ａ：10　　B：95

（設問２）

文中の下線部について、経営セーフティ共済の掛金に関する記述として、最も適切なものはどれか。

ア　掛金は月額5,000円から８万円の範囲（5,000円刻み）で選択することができる。
イ　掛金の積立限度額は320万円である。
ウ　個人事業者が納付した掛金は、所得控除の対象となる。
エ　法人が納付した掛金は、損金に算入される。

解答・解説

解　答

(設問1) エ
(設問2) エ

解 説

経営セーフティ共済（中小企業倒産防止共済制度）に関する出題である。経営セーフティ共済は、取引先事業者の倒産の影響を受けて、中小企業が連鎖倒産や経営難に陥ることを防止するための共済制度である。中小企業倒産防止共済法に基づき、独立行政法人中小企業基盤整備機構が運営している。

(設問1)

経営セーフティ共済に加入すると、取引先事業者が倒産したことにより売掛金債権等の回収が困難となった場合に、共済金の貸付けが受けられる。貸付額は掛金総額の10倍または被害額のどちらか少ない金額であり、原則として50万円以上8,000万円以下（５万円単位の金額）となる。

また、取引先事業者が倒産していなくても、共済契約者の方が臨時に事業資金を必要とする場合に、一時貸付金として解約手当金の95%を上限として貸し付けを受けることができる。

よって、空欄Ａは「10」、空欄Ｂは「95」が最も適切であるため、正解はエとなる。

(設問2)

経営セーフティ共済の毎月の掛金は5,000円から20万円の範囲（5,000円刻み）で自由に設定することができる。また、掛金は総額800万円まで積み立てることが可能である。

この掛金は、法人の場合は税法上損金に、個人事業の場合は必要経費に算入できるので、節税のメリットも受けることができる。

ア　不適切である。掛金は月額5,000円から20万円の範囲（5,000円刻み）で選択することができる。
イ　不適切である。掛金の積立限度額は800万円である。
ウ　不適切である。個人事業者が納付した掛金は、必要経費に算入することができる。
エ　適切である。

よって、正解はエとなる。

第14問　中小サービス事業者の生産性向上のためのガイドライン

以下は、中小サービス業を経営するＸ氏と中小企業診断士のＹ氏との会話である。この会話を読んで、下記の設問に答えよ。

Ｘ氏：「売上は増加傾向にあるのですが、利益については一向に上がらない状況です。どこに問題があると考えられますか。」

Ｙ氏：「生産性に向上の余地があるのではないでしょうか。御社に限ったことではなく、国内サービス産業の生産性は、国内製造業や海外のサービス産業と比べて低い水準にあります。この状況を打開するため、中小サービス事業者の生産性向上のためのガイドラインが公表されました。」

Ｘ氏：「どのようなものなのですか。」

Ｙ氏：「このガイドラインでは生産性向上のための方向性を［　Ａ　］と［　Ｂ　］の２つに大別し、［　Ａ　］を実現する手法としてサービス提供プロセスの改善など２項目、［　Ｂ　］を実現する手法として新規顧客層への展開など８項目を提示しています。また、具体的な取組の事例も紹介されているので、参考になると思います。」

Ｘ氏：「ありがとうございます。早速、確認してみます。」

（設問１）

文中の空欄Ａに入る語句として、最も適切なものはどれか。

ア　効率の向上
イ　価値や品質の見える化
ウ　ブランド力の強化
エ　顧客満足度の向上

（設問２）

文中の空欄Ｂに入る語句として、最も適切なものはどれか。

ア　機能分化・連携
イ　独自性・独創性の発揮
ウ　付加価値の向上
エ　IT利活用

解答・解説

解 答

(設問1) ア
(設問2) ウ

解 説

中小サービス事業者の生産性向上のためのガイドラインに関する出題である。

国内サービス産業の重要性は高まる一方であるものの、その生産性の伸びが国内製造業や海外のサービス産業と比べて相対的に低いことが指摘されている。経済産業省は、中小サービス業が生産性向上に取り組む際の参考となるよう、中小サービス事業者の生産性向上のためのガイドラインを策定している。本ガイドラインでは生産性向上のための方向性を付加価値の向上と効率の向上の２つに大別している。

(設問1)

効率の向上とは、時間や工程の短縮（コスト削減）を意味しており、本ガイドラインでは、次の２項目が挙げられている。

効率の向上	(9) サービス提供プロセスの改善 (10) IT利活用（効率化に繋げるための利活用）

よって、正解はアとなる。

(設問2)

付加価値の向上とは、提供するサービスの価値を増大させる（売上げ向上）を意味しており、本ガイドラインでは、次の８項目が挙げられている。

付加価値の向上	1）誰に	(1) 新規顧客層への展開 (2) 商圏の拡大
	2）何を	(3) 独自性・独創性の発揮 (4) ブランド力の強化 (5) 顧客満足度の向上 (6) 価値や品質の見える化
	3）どうやって	(7) 機能分化・連携 (8) IT利活用（付加価値向上に繋がる利活用）

よって、正解はウとなる。

第15問　経営者保証に関するガイドライン

以下は、中小製造業を経営するＶ氏と中小企業診断士Ｗ氏との会話である。この会話を読んで、下記の設問に答えよ。

Ｖ氏：「中小企業の経営者による個人保証を見直す動きがあると耳にしたのですが、いかがでしょうか。」

Ｗ氏：「中小企業の経営者による個人保証には、経営者への規律付けや信用補完として資金調達の円滑化に寄与する面がある一方、様々な課題も存在します。そこで［Ａ］は、課題を解消し中小企業の活力を引き出すため、中小企業、経営者、金融機関共通の自主的なルールとして『経営者保証に関するガイドライン』を策定・公表しました。」

Ｖ氏：「どのような支援が受けられるのですか。」

Ｗ氏：「本ガイドラインは、経営者保証の弊害を解消し、経営者による思い切った事業展開や、早期事業再生等を応援します。例えば、本ガイドラインでは保証債務の履行時に返済しきれない債務残額について、原則として［Ｂ］ことと定めています。」

（設問１）

文中の空欄ＡとＢに入る語句の組み合わせとして、最も適切なものはどれか。

ア　Ａ：経営者保証に関するガイドライン研究会　　Ｂ：免除する
イ　Ａ：経営者保証に関するガイドライン研究会　　Ｂ：分割弁済する
ウ　Ａ：中小企業基盤整備機構　　Ｂ：免除する
エ　Ａ：中小企業基盤整備機構　　Ｂ：分割弁済する

（設問２）

文中の下線部について、本ガイドラインの適用対象となり得る保証契約に関する記述として、最も不適切なものはどれか。

ア　保証契約の主たる債務者が中小企業であることが条件である。
イ　経営者の健康上の理由のため、事業承継予定者が保証人となる場合も適用対象に含まれる。
ウ　実質的な経営権を有している者、営業許可名義人又は経営者の配偶者が保証人となる場合も適用対象に含まれる。
エ　保証人は、原則として主たる債務者である中小企業の経営者であることが条件であり、協力者や支援者などの第三者による保証については除外されている。

解答・解説

解　答

（設問１）ア
（設問２）エ

解 説

「経営者保証に関するガイドライン」に関する出題である。

（設問１）

「経営者保証に関するガイドライン」は中小企業、経営者、金融機関共通の自主的なルールとして、経営者保証に関するガイドライン研究会によって策定・公表された。

本ガイドラインでは、経営者の個人保証について、次のとおり定められている。

①法人と経営者が明確に分離されている場合などに、経営者の個人保証を求めないことなどを検討すること
②多額の個人保証を行っていても、早期に事業再生や廃業を決断した際に一定の生活費等を残すことや、「華美でない」自宅に住み続けられることなどを検討すること
③保証債務の履行時に返済しきれない保証債務残額は原則として免除すること

よって、空欄Ａは「経営者保証に関するガイドライン研究会」、空欄Ｂは「免除する」が最も適切であるため、正解はアとなる。

（設問２）

本ガイドラインでは、適用対象となり得る保証契約を、以下の全ての要件を充足する保証契約と定めている。

①保証契約の主たる債務者が中小企業であること
②保証人が個人であり、主たる債務者である中小企業の経営者であること。ただし、以下に定める特別の事情がある場合又はこれに準じる場合については、このガイドラインの適用対象に含める。
　ａ　実質的な経営権を有している者、営業許可名義人又は経営者の配偶者（当該経営者と共に当該事業に従事する配偶者に限る。）が保証人となる場合
　ｂ　経営者の健康上の理由のため、事業承継予定者が保証人となる場合
③主たる債務者及び保証人の双方が弁済について誠実であり、対象債権者の請求に応じ、それぞれの財産状況等（負債の状況を含む。）について適時適切に開示していること
④主たる債務者及び保証人が反社会的勢力ではなく、そのおそれもないこと

中小企業の経営者（及びこれに準ずる者）による保証を主たる対象としているが、いわゆる第三者による保証について除外するものではない。よって、エが最も不適切である。

応用編

第16問　小規模事業者経営改善資金融資制度（マル経融資）

以下は、小売業（従業員４名）を営むＸ氏と中小企業診断士Ｙ氏との会話である。この会話を読んで、下記の設問に答えよ。

Ｘ氏：「経営改善を図りたいと考えていますが、使いやすい融資制度をご存知ではないですか。」

Ｙ氏：「小規模事業者経営改善資金融資制度（マル経融資）を検討してみてはどうですか。マル経融資は、経営改善を図ろうとする小規模事業者の方々をバックアップするため、［　Ａ　］が無担保・保証人不要・低金利で融資を行う制度です。」

Ｘ氏：「良い制度ですね。貸付限度額と貸付期間はどのようになっていますか。」

Ｙ氏：「貸付限度額は［　Ｂ　］万円、貸付期間は設備資金の場合［　Ｃ　］年以内、運転資金の場合［　Ｄ　］年以内です。」

（設問１）

文中の空欄ＡとＢに入るものの組み合わせとして、最も適切なものはどれか。

ア　Ａ：日本政策金融公庫　　Ｂ：2,000
イ　Ａ：日本政策金融公庫　　Ｂ：4,000
ウ　Ａ：商工組合中央金庫　　Ｂ：2,000
エ　Ａ：商工組合中央金庫　　Ｂ：4,000

（設問２）

文中の空欄ＣとＤに入る数値の組み合わせとして、最も適切なものはどれか。

ア　Ｃ：10　　Ｄ：５
イ　Ｃ：10　　Ｄ：７
ウ　Ｃ：12　　Ｄ：５
エ　Ｃ：12　　Ｄ：７

解答・解説

解　答

（設問１） ア
（設問２） イ

解 説

中小企業のうち特に小規模事業者は、経営内容が不安定であること、担保・信用力が乏しいこと等の理由から事業の生命線ともいうべき金融確保の面で極めて困難な立場に置かれている。

小規模事業者経営改善資金融資制度（マル経融資）は、こうした状況に鑑み、商工会・商工会議所・都道府県商工会連合会の経営指導員が経営指導を行うことによって、商工会・商工会議所で申し込み、日本政策金融公庫が無担保・無保証人で融資を行い、もって小規模事業者の経営改善を図るべく、制定されたものである。

【貸付の条件】

貸付限度額：2,000 万円（1,500 万円超の貸付を受けるには、貸付前に事業計画を作成し、貸付後に残高が 1,500 万円以下になるまで、経営指導員による実地訪問を半年毎に１回受ける必要がある。）
貸付期間：運転資金７年以内（うち据置期間１年以内）
　　　　　設備資金 10 年以内（うち据置期間２年以内）
担保等：無担保・無保証人

（設問１）

マル経融資は、商工会議所等で経営指導（原則６ヵ月以上）を受けた方に対し、無担保・無保証人で、日本政策金融公庫が融資を行う国の制度であり、貸付限度額は2,000万円である。

よって、空欄Ａは「日本政策金融公庫」、空欄Ｂは「2,000」が最も適切であるため、正解はアとなる。

（設問２）

マル経融資の貸付期間は、設備資金の場合10年以内（うち据置期間２年以内）、運転資金の場合７年以内（うち据置期間１年以内）である。

よって、空欄Ｃは「10」、空欄Ｄは「７」が最も適切であるため、正解はイとなる。

第17問　新創業融資制度

以下は、関東地区で創業予定のＸ氏と中小企業診断士Ｙ氏との会話である。この会話を読んで、下記の設問に答えよ。

Ｘ氏：「これから創業したいと考えています。創業にあたってどのような融資制度がありますか。」
Ｙ氏：「新たに創業する方等の事業計画を審査して融資する制度として、新創業融資制度があります。」
Ｘ氏：「具体的にご説明頂けますか。」
Ｙ氏：「［　Ａ　］」
Ｘ氏：「大変興味があります。どこで貸付をしていますか。」
Ｙ氏：「貸付は［　Ｂ　］が実施しています。」

（設問１）

文中の空欄Ａに入る記述として、最も適切なものはどれか。

ア　無担保・無保証人・無利子で借りることができます。
イ　新たに創業する方、あるいは創業してから税務申告を３期終えていない方が対象です。
ウ　貸付限度額は3,000万円です。
エ　事業開始前、または事業開始後で税務申告を終えていない場合は、創業時において創業資金総額の３分の１以上の自己資金を有している必要があります。

（設問２）

文中の空欄Ｂに入る語句として、最も適切なものはどれか。

ア　中小企業基盤整備機構
イ　日本政策金融公庫
ウ　中小企業投資育成株式会社
エ　商工組合中央金庫

解答・解説

解 答

（設問１） ウ
（設問２） イ

解 説

新創業融資制度に関する出題である。

（設問１）

新創業融資制度は、新たに創業する方等の事業計画（ビジネスプラン）を審査して、無担保・無保証人で融資する制度である。制度内容は下記に示すとおりである。

貸付対象者：次の（1）～（2）のすべての要件に該当する方

（1）新たに事業を始める方、または事業開始後税務申告を２期終えていない方であって、新たに営もうとする事業について、適正な事業計画を策定しており、当該計画を遂行する能力が十分あると認められる方

（2）新たに事業を始める方、または事業開始後税務申告を１期終えていない方は、創業時において創業資金総額の10分の１以上の自己資金（事業に使用される予定の資金をいいます。）を確認できる方。
ただし、「お勤めの経験がある企業と同じ業種の事業を始める方」、「産業競争力強化法に定める認定特定創業支援等事業を受けて事業を始める方」など、一定の要件に該当する方は、本要件を満たすものとみなす。

貸付機関：　日本政策金融公庫（国民生活事業）、沖縄振興開発金融公庫
貸付限度額：3,000万円（運転資金1,500万円）
貸付期間：　各種融資制度に定める貸付期間以内
担保・保証条件：原則として、無担保・無保証人

ア　不適切である。無担保・無保証人で、法人代表者の保証も不要だが、無利子ではない。
イ　不適切である。新たに創業する人、あるいは創業してから税務申告を２期終えていない人が対象である。
ウ　適切である。貸付限度額は3,000万円である。
エ　不適切である。事業開始前、または事業開始後で税務申告を１期終えていない場合は、創業時において創業資金総額の10分の１以上の自己資金を有している必要がある。

よって、正解はウとなる。

（設問２）

貸付機関は、日本政策金融公庫及び沖縄振興開発金融公庫である。
よって、空欄Ｂは「日本政策金融公庫」が最も適切であるため、正解はイとなる。

第18問　女性、若者／シニア起業家支援資金

以下は、飲食店を営むX氏と中小企業診断士Y氏との会話である。この会話を読んで、下記の設問に答えよ。

X氏：「現在、飲食店を経営していますが、新商品を製造・販売するために設備資金の融資を受けたいと考えています。使いやすい融資制度をご存知ではないですか。」

Y氏：「X様は［ A ］に該当しますので、日本政策金融公庫の女性、若者／シニア起業家支援資金の対象になります。検討してみてはいかがですか。」

X氏：「どのような制度なのですか。」

Y氏：「女性、若者及び高齢者起業家の視点を生かした事業の促進を図ることを目的とし、優遇金利で支援する融資制度です。」

X氏：「貸付限度額と貸付期間はどのようになっているのですか。」

Y氏：「貸付限度額は中小事業の場合［ B ］万円、国民事業の場合［ C ］万円です。貸付期間は特に必要な場合を除き、20年以内です。」

（設問1）

文中の空欄Aに入る語句として、最も不適切なものはどれか。

ア　新規開業して1年の25歳の女性
イ　新規開業して2年の35歳の男性
ウ　新規開業して3年の45歳の女性
エ　新規開業して4年の55歳の男性

（設問2）

文中の空欄BとCに入る数値の組み合わせとして、最も適切なものはどれか。

ア　B：2億5,000　　C：4,800
イ　B：2億5,000　　C：7,200
ウ　B：7億2,000　　C：4,800
エ　B：7億2,000　　C：7,200

解答・解説

解 答

（設問１） イ
（設問２） エ

解説

日本政策金融公庫の女性、若者／シニア起業家支援資金に関する出題である。女性、若者（35歳未満）及び高齢者（55歳以上）起業家の視点を生かした事業の促進を図ることを目的とし、優遇金利で支援する融資制度である。具体的な貸付の条件は次のとおりである。

【貸付の条件】

a. 貸付対象者：女性、若者（35 歳未満）、高齢者（55 歳以上）の方であって、新規開業して概ね７年以内の方
b. 貸付限度額：中小事業７億 2,000 万円（うち運転資金は２億 5,000 万円）
国民事業 7,200 万円（うち運転資金は 4,800 万円）
c. 貸付期間：設備資金 20 年以内（うち据置期間２年以内）
運転資金７年以内（うち据置期間２年以内）
d. 貸付金利：運転資金及び設備資金（土地取得資金を除く。）は、特別利率①
技術・ノウハウ等に新規性がみられる方の運転資金及び設備資金（土地取得資金を除く。）特別利率①、②（基準金利から 0.65% 引き下げ）、③（基準金利から 0.9% 引き下げ）
地方創生推進交付金を活用した起業支援金及び移住支援金の交付決定を受けて新規開業しようとする方又は新規開業して概ね７年以内の方の運転資金及び設備資金（土地取得資金を除く。）特別利率③（起業支援金の交付決定を受けて新規開業しようとする方又は新規開業して概ね７年以内の方については、特別利率②）
土地取得資金は基準利率

（設問１）

女性、若者／シニア起業家支援資金は、女性、若者（35歳未満）、高齢者（55歳以上）の方であって、新規開業して概ね７年以内の方を優遇金利で支援する融資制度である。

よって、空欄Ａは「新規開業して２年の35歳の男性」が最も不適切であるため、正解はイとなる。

（設問２）

女性、若者／シニア起業家支援資金の貸付限度額は中小事業７億2,000万円（うち運転資金は２億5,000万円）、国民事業7,200万円（うち運転資金は4,800万円）である。

ア　不適切である。設備資金の貸付限度額は、中小事業の場合７億2,000万円、国民事業の場合7,200万円である。
イ　不適切である。設備資金の貸付限度額は、中小事業の場合７億2,000万円である。
ウ　不適切である。設備資金の貸付限度額は、国民事業の場合7,200万円である。
エ　適切である。

よって、正解はエとなる。

第19問　再チャレンジ支援融資

以下は、関西地区で開業を目指すT氏と中小企業診断士U氏との会話である。この会話を読んで、下記の設問に答えよ。

T氏：「過去に個人事業を廃業した経験があるのですが、再度開業したいと考えています。廃業歴がある人も対象となる融資制度はありませんか。」
U氏：「T様は再チャレンジ支援融資の要件を満たしていますので、検討してみてはいかがですか。」
T氏：「どのような制度なのですか。」
U氏：「一旦事業に失敗したことにより、再起を図る上で困難な状況に直面している方を対象に、［ A ］が融資を行う制度です。」
T氏：「貸付期間はどのようになっていますか。」
U氏：「設備資金は20年以内、運転資金は15年以内ですが、いずれも［ B ］年以内の据置期間が設けられています。」

（設問1）

文中の下線部につき、融資対象となるために必要な要件として、最も不適切なものはどれか。

ア　廃業時の負債が新たな事業に影響を与えない程度に整理される見込みであること
イ　廃業の理由・事情がやむを得ないものであること
ウ　廃業歴等を有する個人または廃業歴等を有する経営者が営む法人であること
エ　廃業後、7年以内であること

（設問2）

文中の空欄AとBに入る語句または数値の組み合わせとして、最も適切なものはどれか。

ア　A：日本政策金融公庫　B：2
イ　A：日本政策金融公庫　B：3
ウ　A：商工組合中央金庫　B：2
エ　A：商工組合中央金庫　B：3

☞ 解答・解説

解 答

（設問１） エ
（設問２） ア

解 説

日本政策金融公庫の再チャレンジ支援融資に関する出題である。一旦事業に失敗したことにより、再起を図る上で、困難な状況に直面している中小企業に対し、再チャレンジに必要な資金を融資する制度である。具体的な貸付の条件は次のとおりである。

【貸付の条件】

a. 貸付対象者：新たに開業する方または開業後概ね７年以内の方で、次の(1)～(3)のいずれにも該当する方
(1) 廃業歴等を有する個人または廃業歴等を有する経営者が営む法人であること
(2) 廃業時の負債が新たな事業に影響を与えない程度に整理される見込み等であること
(3) 廃業の理由・事情がやむを得ないもの等であること
b. 貸付限度額：中小事業７億2,000万円（うち運転資金は２億5,000万円）
国民事業7,200万円（うち運転資金は4,800万円）
c. 貸付期間：設備資金20年以内（うち据置期間２年以内）
運転資金15年以内（うち据置期間２年以内）
d. 貸付金利：基準利率〔女性、若年者または高齢者であって新規開業しようとする方、または新規開業して概ね７年以内の方は、特別利率①、技術・ノウハウ等に新規性がみられる方の運転資金及び設備資金（土地取得資金を除く。）は特別利率①、②、③〕

（設問１）

再チャレンジ支援融資の融資対象者の要件は、新たに開業する方または開業後概ね７年以内の方で、一定の要件を満たす方であり、廃業後の年数についての制限はない。よって正解はエとなる。

（設問２）

再チャレンジ支援融資は、日本政策金融公庫の融資制度である。貸付期間は、設備資金20年以内、運転資金15年以内であり、いずれも２年以内の据置期間が設けられている。

よって、空欄Ａは「日本政策金融公庫」、空欄Ｂは「２」が最も適切であるため、正解はアとなる。

応用編

第20問　信用保証制度

以下は、小規模企業経営者X氏と中小企業診断士Y氏との会話である。この会話を読んで、下記の設問に答えよ。

X氏：「運転資金を借り入れたいのですが、当社の信用力では借入が難しいと思っています。」
Y氏：「信用保証協会の信用保証制度を活用してはいかがでしょうか。」
X氏：「それは、どのような内容ですか。」
Y氏：「金融機関からの借り入れの際に信用保証協会が保証人になることで、中小企業が資金調達をしやすくする制度です。通常の場合の保証限度額は、普通保証が［ A ］で、無担保保証が［ B ］です。」
X氏：「保証料率はどのくらいですか。」
Y氏：「経営状況や融資内容に応じて、おおむね0.45%から2.20%の範囲で適用されます。」
X氏：「信用保証制度を利用したい場合には、どうすればよいのでしょうか。」
Y氏：「［ C ］」

（設問1）

文中の空欄AとBに入る語句の組み合わせとして、最も適切なものはどれか。

ア　A：4億8,000万円以内　　B：8,000万円以内
イ　A：7億2,000万円以内　　B：2億7,000万円以内
ウ　A：2億円以内　　B：8,000万円以内
エ　A：2億円以内　　B：1,250万円以内

（設問2）

文中の空欄Cに入る記述として、最も適切なものの組み合わせを 下記の解答群から選べ。

a　民間金融機関の窓口で融資を申し込む際に、信用保証の申込を行います。
b　信用保証協会に信用保証の申込を行います。
c　中小企業基盤整備機構に信用保証の申込を行います。
d　日本政策金融公庫に信用保証の申込を行います。

［解答群］

ア　aとb　　イ　aとc　　ウ　bとc　　エ　bとd　　オ　cとd

解答・解説

解　答

（設問１）ウ
（設問２）ア

解 説

信用保証協会の信用保証制度に関する出題である。

（設問１）

中小企業が金融機関から事業資金の融資を受ける際に信用保証協会が債務保証を行うことで、中小企業の資金調達を円滑にする制度である。保証限度額は、普通保証が２億円以内、無担保保証が8,000万円以内、無担保無保証人保証が2,000万円以内（納税していること等、一定の要件あり）である。

よって、空欄Ａは「２億円以内」、空欄Ｂは「8,000万円以内」が最も適切であるため、正解はウとなる。

（設問２）

信用保証の代表的な申込窓口は、「民間金融機関」と「信用保証協会」である。

○民間金融機関経由で申込

　金融機関の窓口で融資を申し込まれる際に、信用保証の申込手続を行なう。金融機関が融資適当と判断した場合、必要書類を金融機関経由で信用保証協会に提出する。

○信用保証協会に申込

　各地域にある信用保証協会に訪問し、相談の後、申込書を受け取る。記入した申込書に必要書類を添付の上、信用保証協会に提出する。

　よって、正解はアとなる。

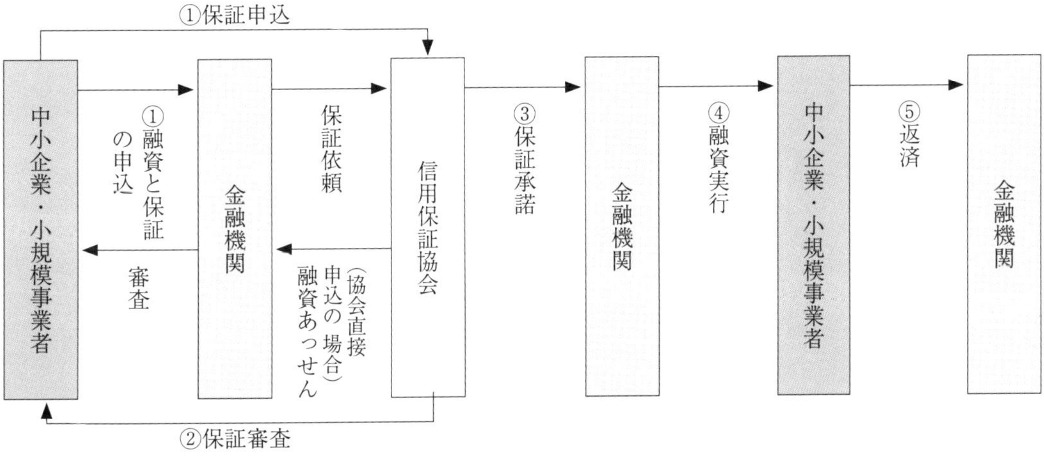

応用編

第21問　流動資産担保融資保証制度

以下は、和菓子の加工販売業者を営むＹ社社長と中小企業診断士Ｘ氏との会話である。この会話を読んで、下記の設問に答えよ。

Ｙ社社長：「昨年開発した和菓子がヒットしたため、生産を拡大させたいのですが、原材料の仕入資金が捻出できず困っています。担保として余力のある不動産も所有していないのですが、何か良い制度はありますか。」

Ｘ　　氏：「流動資産担保融資保証制度を検討してはいかがでしょうか。」

Ｙ社社長：「どのような制度ですか。」

Ｘ　　氏：「中小企業者が自ら有する売掛債権や棚卸資産を担保として金融機関より借入を行う際に、信用保証協会が［　Ａ　］％の部分保証を行う保証制度です。」

Ｙ社社長：「信用保証協会はいくらまで保証してくれるのですか。」

Ｘ　　氏：「［　Ｂ　］円まで保証してくれます。なお、［　Ｃ　］」

(設問１)

文中の空欄ＡとＢに入る数値の組み合わせとして、最も適切なものはどれか。

ア　Ａ：80　　Ｂ：２億
イ　Ａ：80　　Ｂ：２億５千万
ウ　Ａ：90　　Ｂ：２億
エ　Ａ：90　　Ｂ：２億５千万

(設問２)

文中の空欄Ｃに入る記述として、最も適切なものはどれか。

ア　保証人は不要です。
イ　代表者以外の保証人は不要です。
ウ　代表者の他に１人の保証人が必要です。
エ　代表者の他に２人の保証人が必要です。

☞ 解答・解説

解　答

（設問１）ア
（設問２）イ

解 説

流動資産担保融資保証制度（ABL保証制度）に関する出題である。流動資産担保融資保証制度は、中小企業者が保有している棚卸資産や売掛債権を担保として金融機関が融資を行う際、信用保証協会が債務保証を行う制度である。

【ABL 保証制度の概要】

■保証限度額・保証割合
保証限度額：２億円
保証割合：80%
（金融機関からの借入限度額は２億 5,000 万円）
■保証料率
借入極度額（借入金額）に対し、年率 0.68%
■担保条件
・申込人の有する売掛債権及び棚卸資産のみを担保とする。法人代表者以外の保証人は徴求しない。
・売掛債権の譲渡は、第三者に対抗できるようにするため、（１）債権譲渡登記制度に基づく登記、（２）売掛先への通知、（３）売掛先の承諾のいずれかが必要である。
・棚卸資産の譲渡は、第三者に対抗できるようにするため、動産譲渡登記制度に基づく登記が必要である。
■保証期間
根保証方式：１年間（更新可能）
個別保証方式：１年以内

（設問１）

信用保証協会による保証割合は80%、保証限度額は２億円である。
よって、空欄Ａは「80」、空欄Ｂは「２億」が最も適切であるため、正解はアとなる。

（設問２）

法人代表者以外の保証人は不要である。よって、正解はイとなる。

第22問　知的財産支援

以下は、個人で精密機器設計業を営むX氏と中小企業診断士Y氏との会話である。この会話を読んで、下記の設問に答えよ。

X氏：「今後、自社で培った設計技術を生かして、自社製品を開発し、国内の特許を取得したいと考えていますが、どこか相談できる窓口はありませんか。」

Y氏：「『知財総合支援窓口』に相談されるのがいいと思います。［ A ］」

X氏：「特許の審査請求料や特許料の費用負担についても相談に乗ってもらえますか。」

Y氏：「中小ベンチャー企業、小規模企業を対象とした審査請求料・特許料・国際出願に係る手数料の軽減措置について、アドバイスがあると思います。Xさんのような個人事業主の場合は、国内出願を行う場合に審査請求料や特許料（［ B ］）が［ C ］に軽減される制度を活用できる可能性があります。」

（設問1）

文中の空欄Aに入る記述として、最も不適切なものはどれか。

ア　窓口は全国の商工会議所ごとに設置されています。
イ　相談に関する費用は無料です。
ウ　相談内容が高度な場合は、専門家と共同して支援します。
エ　電子出願を含めた出願等の手続支援が受けられます。

（設問2）

文中の空欄BとCに入る語句の組み合わせとして、最も適切なものはどれか。

ア　B：第1年分から第3年分　　C：1/3
イ　B：第1年分から第3年分　　C：1/2
ウ　B：第1年分から第10年分　　C：1/3
エ　B：第1年分から第10年分　　C：1/2

☞ 解答・解説

解 答

（設問１） ア
（設問２） ウ

解 説

知的財産支援に関連する出題である。

（設問１）

「知財総合支援窓口」は、中小企業等が抱える知的財産に関する悩みや課題を一元的に受け付け、支援担当者が専門家と共同して、その場で解決を図るワンストップサービスを提供するものである。

ア　不適切である。窓口は全国の発明協会を中心に、都道府県ごとに設置されている。
イ　適切である。
ウ　適切である。
エ　適切である。

よって、正解はアとなる。

（設問２）

中小スタートアップ企業、小規模企業を対象とした審査請求料・特許料・国際出願に係る手数料の軽減措置の主な対象者と軽減措置の内容は、次のとおりである。

（1）対象者
a. 小規模の個人事業主（従業員20人以下（商業又はサービス業は５人以下））
b. 事業開始後10年未満の個人事業主
c. 小規模企業（法人）（従業員20人以下（商業又はサービス業は５人以下））
d. 設立後10年未満で資本金３億円以下の中小スタートアップ企業
※c.及びd.については、支配法人のいる場合を除く。

（2）軽減措置の内容
a. 審査請求料１／３に軽減
b. 特許料（第１年分から第10年分）１／３に軽減
c. 国際出願に係る手数料（送付手数料・調査手数料・予備審査手数料）１／３に軽減

よって、正解はウとなる。

第23問　事業承継税制（一般措置）

以下は、父親（70歳）が経営する会社の後継者である息子のＸ氏と中小企業診断士Ｙ氏との会話である。この会話を読んで、下記の設問に答えよ。

Ｘ氏：「相続税等の措置があるそうですが、私も対象になりますか？」
Ｙ氏：「経営承継円滑化法に基づき、①対象会社の要件、②後継者（相続人）の要件等を満たしていることについて、都道府県知事の認定を受ければ対象になります。」
Ｘ氏：「要件を満たすことで、どのような特例措置が受けられますか。」
Ｙ氏：「Ｘさんが現経営者のお父様から、将来相続で［　Ａ　］を取得した際に、［　Ａ　］に係る相続税の納税猶予制度を利用することができます。」
Ｘ氏：「それは良い制度ですね。」
Ｙ氏：「ただし、相続後［　Ｂ　］年間、雇用確保をはじめとした事業継続の要件等を満たさなければならないことも忘れないで下さい。」

（設問１）

文中の下線①、②の要件を満たすものとして、最も適切なものの組み合わせはどれか。

ア　①：小規模企業　　　②相続開始の直前において対象会社の従業員
イ　①：小規模企業　　　②相続開始の直前において対象会社の役員
ウ　①：非上場中小企業　②相続開始の直前において対象会社の従業員
エ　①：非上場中小企業　②相続開始の直前において対象会社の役員

（設問２）

文中の空欄Ａに入る最も適切なものはどれか。

ア　自社株式
イ　生産設備
ウ　土地
エ　のれん、屋号

（設問３）

文中の空欄Ｂに入る最も適切なものはどれか。

ア　3　　イ　5　　ウ　7　　エ　10

解答・解説

解 答

(設問1) エ
(設問2) ア
(設問3) イ

解 説

「中小企業における経営の承継の円滑化に関する法律（経営承継円滑化法）」による事業承継円滑化支援に関する出題である。同法は平成20年10月１日に施行された。都道府県知事の認定を受けることで、金融支援や相続税・贈与税の納税猶予等（一般措置）が利用できるようになる。

(設問1)

経営承継円滑化法に基づく、事業承継に関する相続税の納税猶予制度の対象会社、及び後継者（相続人）の要件について問うている。設問に関係するそれぞれの要件（他に、先代経営者（被相続人）の要件等も含まれる）については、以下のとおりである。

○対象会社の要件
・中小企業基本法の中小企業であること（特例有限会社、持分会社も対象）
・非上場会社であること　など
○後継者（相続人）の要件
・相続開始の直前において対象会社の役員であったこと　など

よって、下線①には「非上場中小企業」、下線②には「相続開始の直前において対象会社の役員」がそれぞれ当てはまるため、正解はエとなる。

(設問2)

経営承継円滑化法に係る都道府県知事の認定を受ける非上場会社の自社株式等を、被相続人（先代経営者）から相続人（後継者）が取得し、その会社を経営していく場合には、相続税の一部の納税が猶予される。

よって、正解はアとなる。

(設問3)

相続人（後継者）は相続税の申告期限から５年間、従業員の８割以上の雇用確保をはじめとした事業継続要件を満たさなければならない。

よって、正解はイとなる。

第24問　事業承継税制（特例措置）

以下は、同族企業のオーナー経営者X氏と中小企業診断士のY氏との会話である。この会話を読んで、下記の設問に答えよ。

X氏：「最近、事業承継税制の話題をよく耳にするのですが、何か改正があったのでしょうか。」

Y氏：「はい。中小企業の事業承継をより一層後押しするため、平成30年度税制改正において、これまでの事業承継税制（一般措置）とは別に、大幅に拡充された特例措置が設けられました。」

X氏：「それはどのようなものでしょうか。」

Y氏：「経営環境変化に対応した減免制度の導入、納税猶予の対象となる非上場株式等の制限の［ A ］、納税猶予割合の引上げ（［ B ］%）、雇用要件の抜本的見直し等の改正が行われています。」

X氏：「使い勝手の良い制度になったのですね。実際に制度を使う上での留意点があれば教えてください。」

Y氏：「［ C ］」

（設問1）

文中の空欄AとBに入る語句または数値として、最も適切なものの組み合わせを下記の解答群から選べ。

［解答群］

ア　A：創設　　B：80　　　　イ　A：創設　　B：100

ウ　A：撤廃　　B：80　　　　エ　A：撤廃　　B：100

（設問2）

文中の空欄Cに入る記述として、最も適切なものはどれか。

ア　令和6年3月31日までに特例承継計画を税務署に提出する必要があります。

イ　令和9年12月31日までに対象となる非上場株式の贈与・相続等を行う必要があります。

ウ　申告期限後5年間は、都道府県庁へ「継続届出書」を提出（年1回）、税務署へ「年次報告書」を提出（年1回）する必要があります。

エ　申告期限後5年経過後は、都道府県庁へ「継続届出書」を提出（3年に1回）する必要があります。

解答・解説

解　答

（設問１）エ
（設問２）イ

解 説

事業承継税制の特例措置に関する出題である。

事業承継税制は、後継者である受贈者・相続人等が、経営承継円滑化法の認定を受けている非上場会社の株式等を贈与又は相続等により取得した場合において、その非上場株式等に係る贈与税・相続税について、一定の要件のもと、その納税を猶予し、後継者の死亡等により、納税が猶予されている贈与税・相続税の納付が免除される制度である。

中小企業の事業承継をより一層後押しするため、平成30年度税制改正において、事業承継税制が大きく改正された。これまでの事業承継税制（一般措置）とは別に、大幅に拡充された10年間限定（令和９年12月31日まで）の特例措置が設けられている。

（設問１）

平成30年度税制改正では、この事業承継税制について、一般措置に加え、10年間の措置として、納税猶予の対象となる非上場株式等の制限（総株式数の最大３分の２まで）の撤廃や、納税猶予割合の引上げ（80％から100％）等がされた特例措置が創設されている。

よって、空欄Ａには「撤廃」、空欄Ｂには「100」が入るため、正解はエとなる。

（設問２）

事業承継税制（特例措置）の留意点についての出題である。

ア　不適切である。特例承継計画は、主たる事務所の所在地を管轄する都道府県庁に提出する。

イ　適切である。令和９年12月31日までに対象となる非上場株式の贈与・相続等を行う必要がある。

ウ　不適切である。都道府県庁へ「年次報告書」を提出（年１回）、税務署へ「継続届出書」を提出（年１回）する。

エ　不適切である。税務署へ「継続届出書」を提出（３年に１回）する。

よって、正解はイとなる。

第25問　商店街活性化支援

以下は、地元商店街の商店街振興組合幹部X氏と中小企業診断士Y氏との会話である。この会話を読んで、下記の設問に答えよ。

X氏：「現在の商店街を、地元の皆さんが集う場所として活性化を図りたいと考えています。再生にあたってはどのような公的な支援を受けることができますか。」

Y氏：「公的な補助金や、租税措置、更には好条件での融資を受けることが出来ます。」

X氏：「具体的にはどのようなものがありますか。」

Y氏：「たとえば、策定した［ A ］計画の認定を受けることによって、高い補助率の補助金、土地等譲渡所得の特別控除（上限［ B ］万円）、［ C ］による無利子融資、そして中小企業信用保険法の特例、などの支援を受けることが可能です。」

（設問1）

文中の空欄AとBに入る語句の組み合わせとして、最も適切なものはどれか。

ア　A．商店街活性化事業　B：800

イ　A：商店街活性化事業　B：1,500

ウ　A：商店街活性化支援事業　B：800

エ　A：商店街活性化支援事業　B：1,500

（設問2）

文中の下線部について、計画の認定を行うものとして、最も適切なものはどれか。

ア　市町村長

イ　都道府県知事

ウ　経済産業大臣

エ　内閣総理大臣

（設問3）

文中の空欄Cに入る語句として、最も適切なものはどれか。

ア　都道府県又は市町村（特別区を含む。）

イ　日本政策金融公庫

ウ　各ブロックの経済産業局

エ　商工会議所

☞ 解答・解説

解 答

（設問1） イ
（設問2） ウ
（設問3） ア

解 説

地域商店街活性化法に関する出題である。地域商店街活性化法は、商店街を支援し、地域住民の生活利便の向上や住民間の交流に役立つ活動を活発化させ、「地域コミュニティの担い手」としての役割を強めることを目的として平成21年に施行された。

（設問1）

商店街振興組合等が地域住民のニーズに応じて行う商品の販売やサービスの提供、イベントの実施等を行う場合には「商店街活性化事業計画」を作成し認定を受けることで、様々な支援を受けることが可能となる。支援策のひとつである「土地等譲渡所得の特別控除」は個人または法人の有する土地等が、認定を受けた商店街活性化事業計画等に基づく事業の用に供するため、商店街振興組合等に買い取られる場合、当該土地等の譲渡所得から、1,500万円を上限に特別控除が受けられる制度である。

よって空欄Ａは「商店街活性化事業」、空欄Ｂは「1,500」が最も適切であるため、正解はイとなる。

（設問2）

商店街活性化事業計画の認定スキームは、商店街振興組合や事業協同組合等が活性化計画の作成主体となり、都道府県や市町村の意見聴取の手続きを経て、経済産業大臣が認定する制度である。

よって、正解はウとなる。

（設問3）

認定を受けた商店街活性化事業に必要な資金を都道府県又は市町村（特別区を含む。）が商店街振興組合等に対して無利子貸付けする場合に、独立行政法人中小企業基盤整備機構がその資金の一部を負担できる。

ア　適切である。
イ　不適切である。
ウ　不適切である。
エ　不適切である。

よって、正解はアとなる。

第26問　中小企業基盤整備機構

以下は、中小企業経営者X氏と中小企業診断士Y氏との会話である。この会話を読んで、下記の設問に答えよ。

X氏：「中小企業基盤整備機構という機関は、我々のような中小企業者の事業活動を様々な面からサポートしているそうですね。」

Y氏：「はい。助言、研修、［　A　］、出資、助成及び債務保証等はもちろん、地域の施設整備、［　B　］等の幅広い事業を展開しています。」

X氏：「なるほど。資金の貸付のうち、都道府県と連携した高度化事業という融資事業を行っていることも聞きました。具体的な内容について教えてもらえませんか。」

Y氏：「高度化事業は、事業計画等に対するアドバイスを行いながら、［　C　］・特例を除き［　D　］で融資を行うもので、建物、構築物の設置に必要な土地、設備などの設備資金が貸付対象となります。貸付割合は原則、取得に要する額の［　E　］％以内です。」

（設問1）

文中の空欄AとBに入る語句の組み合わせとして、最も適切なものはどれか。

ア　A：再挑戦支援資金の融資　　B：災害関係保証
イ　A：再挑戦支援資金の融資　　B：共済制度の運営
ウ　A：資金の貸付　　B：災害関係保証
エ　A：資金の貸付　　B：共済制度の運営

（設問2）

文中の空欄CとDに入る語句の組み合わせとして、最も適切なものはどれか。

ア　C：長期　　D：低利
イ　C：長期　　D：無利子
ウ　C：短期　　D：低利
エ　C：短期　　D：無利子

（設問3）

文中の空欄Eに入る数値として、最も適切なものはどれか。

ア　60
イ　70
ウ　80
エ　90

解答・解説

解 答

（設問１）エ
（設問２）ア
（設問３）ウ

解 説

独立行政法人中小企業基盤整備機構に関する出題である。

（設問１）

独立行政法人中小企業基盤整備機構は、独立行政法人中小企業基盤整備機構法第一章第四条に「中小企業者その他の事業者の事業活動に必要な助言、研修、資金の貸付、出資、助成及び債務の保証、地域における施設の整備、共済制度の運営等の事業を行い、もって中小企業者その他の事業者の事業活動の活性化のための基盤を整備することを目的とする」とある。

なお、再挑戦支援資金の融資は日本政策金融公庫、災害関係保証は各信用保証協会がそれぞれ事業を展開している。

よって、空欄Ａは「資金の貸付」、空欄Ｂは「共済制度の運営」が最も適切であるため、正解はエとなる。

（設問２）

高度化事業とは、中小企業者が組合等を設立し、連携して経営基盤の強化や環境改善を図るために、工場団地・卸団地・ショッピングセンター等を建設する事業や、第３セクターまたは商工会等が地域の中小企業者を支援する事業に必要な資金を、都道府県と独立行政法人中小企業基盤整備機構が財源を出し合い、事業計画等に対するアドバイスを行いながら、長期・低利（特別の場合は無利子）で融資する事業である。

よって、正解はアとなる。

（設問３）

貸付割合は、原則として取得に要する額の80％以内である。また、貸付期間は20年以内（うち据置期間３年以内）である。

よって、正解はウとなる。

第27問 相談・支援窓口

以下は、小規模製造業の社長X氏と中小企業診断士Y氏との会話である。この会話を読んで、下記の設問に答えよ。

X氏：「企業経営に関する悩みについて、気軽に相談できる支援機関はありませんか。」

Y氏：「都道府県等中小企業支援センターを活用してはいかがでしょう。経営課題の解決に向けた様々な助言等を得ることができますよ。」

X氏：「それは興味深いですね。特徴を教えてもらえませんか。」

Y氏：「都道府県等中小企業支援センターは、［A］に基づき指定された法人のことを言います。［B］が行う中小企業支援事業の実施体制の中心として各都道府県等に設置されていて、豊富な経験や知識を有する専門家が中小企業の支援事業を行っています。」

X氏：「なるほど。良くわかりました。その他にも同様の相談ができる機関はありますか。」

Y氏：「平成26年度から、各都道府県に1ヶ所ずつ、地域の支援機関と連携しながら中小企業・小規模事業者が抱える様々な経営相談に対応する機関として［C］が整備されました。」

（設問1）

文中の空欄AとBに入る語句の組み合わせとして、最も適切なものはどれか。

ア　A：中小企業支援法　　B：都道府県
イ　A：中小企業支援法　　B：都道府県及び政令で指定する市
ウ　A：中小企業等経営強化法　　B：都道府県
エ　A：中小企業等経営強化法　　B：都道府県及び政令で指定する市

（設問2）

文中の空欄Cに入る語句として、最も適切なものはどれか。

ア　中小企業活性化協議会
イ　よろず支援拠点
ウ　経営革新等支援機関
エ　ミラサポplus

解答・解説

解 答

（設問1） イ
（設問2） イ

解 説

相談・支援窓口に関する出題である。中小企業の多様なニーズにきめ細やかに応え、中小企業が抱える経営課題の解決や経営資源の円滑な確保のための的確な助言等が得られる支援体制として、都道府県等中小企業支援センターが整備されている。

中小企業の経営全般に知見を有する民間人材であるプロジェクトマネージャー等を配置し、窓口相談、専門家派遣等の支援事業を実施しており、中小企業施策等に関する情報提供のワンストップサービスの窓口となっている。

よろず支援拠点は、コーディネーターを中心に、地域の支援機関・各省庁・地方自治体等と密に連携しながら、相談に来た中小企業・小規模事業者が抱える様々な経営課題を分析し、課題解決に最適な手法を選択して支援を行う機関である。平成26年度から、各都道府県に1ヶ所ずつ整備され、起業・創業から課題に応じたワンストップの一貫した経営支援を行っている。

（設問1）

都道府県等中小企業支援センターは、中小企業支援法に基づき指定された法人であり、都道府県等（都道府県及び政令で指定する市）が行う中小企業支援事業の実施体制の中心として、各都道府県等（60カ所）に設置されている。

中小企業の経営や技術等の専門分野において豊富な経験と知識を有する民間人材を配置しており、中小企業の経営資源の円滑な確保を支援する事業を実施している。

よって、空欄Aは「中小企業支援法」、空欄Bは「都道府県及び政令で指定する市」が最も適切であるため、正解はイとなる。

（設問2）

よろず支援拠点は、平成26年度から、各都道府県に1ヶ所ずつ、地域の支援機関と連携しながら中小企業・小規模事業者が抱える様々な経営相談に対応する機関として整備されている。

よって、正解はイとなる。

MEMO

■監修者紹介■

山口　正浩（やまぐち　まさひろ）

㈱経営教育総合研究所 代表取締役社長、㈱早稲田出版 代表取締役社長、中小企業診断士、経営学修士（MBA）、TBC受験研究会統括講師、中小企業診断士の法定研修（経済産業大臣登録）講師、日本FP協会の認定教育機関講師。

24歳で中小企業診断士試験に合格後、常に業界の第一線で活躍。2011年12月のNHK（Eテレ）の「資格☆はばたく」では、中小企業診断士の代表講師&コンサルタントとして選抜され、4週間にわたる番組の司会進行役の講師とNHK出版のテキスト作成に携わる。

従業員1名から従業員10,000名以上の企業でコンサルティングや研修を担当し、負債3億円、欠損金1億円の企業を5年間で黒字企業へ事業再生した実績を持つ。日本政策金融公庫、日本たばこ産業株式会社などで教鞭をふるい、静岡銀行、東日本銀行（東日本倶楽部経営塾）では、経営者へ実践的な財務会計の研修を行う。

主な著書は「マーケティング・ベーシック・セレクション・シリーズ」（全12巻）同文館出版、販売士検定関連の書籍は「動画で合格（うか）る販売士3級テキスト&問題集」早稲田出版など10冊、年度改訂の書籍を含めると450冊以上の監修・著書があり、日経MJ新聞「マーケティング・スキル（いまさら聞けない経営指標）毎週金曜日 全30回」や月刊「近代セールス」の連載も持つ。近年、若手コンサルタントのキャリアアップに注力し、執筆指導のほか、プレゼンテーション実践会を主催している。

■編著者紹介■

加藤　匠（かとう　たくみ）

㈱経営教育総合研究所主任研究員、中小企業診断士、税理士、中小企業診断士法定研修講師。

公益財団法人埼玉県産業振興公社にて中小企業の産学官連携や研究開発等に対する支援、コンサルティング会社にて事業計画の策定や経営革新計画の承認申請の支援などを経験。現在は、税理士法人にて月次顧問業務、税務申告業務、事業再生業務などを行う傍ら、中小企業診断士試験対策の教材開発や受験指導に携わっている。

著書として「TBC中小企業診断士試験シリーズ　速修テキスト［2］財務・会計」（早稲田出版）や月刊誌「近代セールス」などへの連載多数。

渡邉　義一（わたなべ　よしかず）

㈱経営教育総合研究所主任研究員、中小企業診断士、社会保険労務士、1級販売士、日商簿記1級、東京販売士協会参与、産業能率大学兼任講師。

システムエンジニアを経て独立し、情報システムの設計・開発からシステム活用による業務改善と労務管理を中心に活動する。

2024年版　TBC中小企業診断士試験シリーズ

特訓問題集[2]　中小企業経営・政策　中小企業施策

2023年10月15日　初版第1刷発行　（定価はカバーに表示してあります。）

編著者　加藤 匠（かとう たくみ）／渡邉 義一（わたなべ よしかず）

監修者　山口 正浩（やまぐち まさひろ）

発行者　山口 正浩（やまぐち まさひろ）

発行所　株式会社 早稲田出版

〒130-0012　東京都墨田区太平1-11-4
ワイズビル4階
電　話　03-6284-1955
ＦＡＸ　03-6284-1958
https://waseda-pub.co.jp

印刷・製本：新日本印刷株式会社

★本書は、2023年度中小企業施策利用ガイドブックを基に、令和5年7月31日までの法改正等を反映して編集しています。

★乱丁・落丁本は本社にお送り下さい。お取り替え致します。

ISBN 9784-89827-569-6

書籍の正誤についてのお問い合わせ

万一、誤りと疑われる解説がございましたら、お手数ですが下記の方法にてご確認いただきますよう、お願いいたします。

書籍の正誤のお問い合わせ以外の書籍内容に関する解説や受験指導等は、一切行っておりません。そのようなお問い合わせにつきましては、お答え致しかねます。あらかじめご了承ください。

【1】書籍HPによる正誤表の確認

早稲田出版HP内の「書籍に関する正誤表」コーナーにて、正誤表をご確認ください。

URL:https://waseda-pub.co.jp/

【2】書籍の正誤についてのお問い合わせ方法

上記、「書籍に関する正誤表」コーナーに正誤表がない場合、あるいは該当箇所が記載されていない場合には、書籍名、発行年月日、お客様のお名前、ご連絡先を明記の上、下記の方法でお問い合わせください。
お問い合わせの回答までに1週間前後を要する場合もございます。あらかじめご了承ください。

●FAXによるお問い合わせ

FAX番号：**03-6284-1958**

●e-mailによるお問い合わせ

お問い合わせアドレス：**infowaseda@waseda-pub.com**

お電話でのお問い合わせは、お受けできません。
あらかじめ、ご了承ください。